传承人口述史研究丛书

非物质文化遗产前沿问题研究

主编　马知遥　刘智英

天津大学出版社
TIANJIN UNIVERSITY PRESS

图书在版编目(CIP)数据

非物质文化遗产前沿问题研究 / 马知遥，刘智英主编. —天津：天津大学出版社，2022.12
（传承人口述史研究丛书）
ISBN 978-7-5618-7406-6

Ⅰ.①非… Ⅱ.①马… ②刘… Ⅲ.①非物质文化遗产-保护-中国-文集 Ⅳ.①G122-53

中国国家版本馆CIP数据核字(2023)第018761号

出版发行 天津大学出版社
地　　址 天津市卫津路92号天津大学内（邮编:300072）
电　　话 发行部:022-27403647
网　　址 www.tjupress.com.cn
印　　刷 北京盛通数码印刷有限公司
经　　销 全国各地新华书店
开　　本 787mm×1092mm　1/16
印　　张 10.75
字　　数 199千
版　　次 2022年12月第1版
印　　次 2022年12月第1次
定　　价 40.00元

总序
让民间那些散落的花朵开口说话

这是一套丛书，第一辑出齐四本，它们分别是《布老虎传承人口述史》《面塑传承人口述史》《木雕传承人口述史》《非物质文化遗产前沿问题研究》，共计一百余万字。每本图书都配有现场调查和传承人的珍贵资料图片近百张，这基本上实现了我们的理想：为散落在大地上的、身怀绝技的、鲜为人知的民间艺术家们留下自己的声音。

经过十多年举国体制的非遗保护工作，中国的非物质文化遗产保护已经取得了举世瞩目的成就，并且已经逐渐形成了中国经验和中国智慧。作为参与其中的一分子，我深感荣幸。该丛书源自文化和旅游部、教育部、人力资源和社会保障部发布的“中国非物质文化遗产传承人群研修研习培训计划”，天津大学承办了其中的布老虎制作技艺、面塑制作技艺、木雕制作技艺、葫芦雕刻制作技艺等四期。该研培工作在天津市文化和旅游局的直接指导和天津大学领导的大力支持下顺利完成。通过两年多和研培班学员的现场亲密接触以及研培前近8年的持续调查及访谈和研究，四期研培班不仅让非物质文化遗产传承人开阔了视野，夯实了基础，而且增强了文化自信和传承的能力，不仅使传承人自己受益，而且惠及广大在校研究生。在和我们一起完成项目的过程中，那些90后学生们表现出了对传统文化的浓厚兴趣和深切关心。我们不满足于仅仅一个月的面对面相处，我们还要替他们留下他们的文化记忆，替他们发出声音。因为，结业之后，这些学员就回到了各自的家乡，或者远乡僻壤，或者荒疏小镇，他们大多是纯粹的手工业者，是靠土地维生的农民，有的一辈子没去过省城。但他们的技艺确实传承了好几代，他们的艺术是地方特色，感染着我们，浸润着我们。他们成长、求艺过程及生命中的酸甜苦辣，本来就是很好的题材。这些就是中国故事。

我们所有师生都是故事的倾听者，而他们是故事的主角和演绎者。

过去我们习惯了到传承人家里去进行匆匆几天的访谈就走。现在我们把他们请到大学校园，利用一个月免费培训的时间，和他们彻夜长谈，仔细聆听那些遗落的细节，补充我们原来在田野考察中的不足，实在是非常必要的。

我想起10年前，我在山西黎城采访“中华第一虎”的制作者、布老虎艺术的国家级非物质文化遗产传承人高秋英时，她说自己身体不太好，响应国家号召带了很多徒弟，徒弟们学会了，到处卖她的黎侯虎，她自己做的虎就不好卖了。这是典型的“教会徒弟，饿死师傅”的实例。现在她的景况已经有所改善，国家大力扶持非遗项目，她已经成为多个黎侯虎工作坊或文化公司的顾问，获得了不少荣誉和奖励，继续在开门授徒。我想起10年前在山西潞城拜访的潞王虎传人刘海兰，68岁的她依然参加了我们天津大学的布老虎研培班，为班级学员示范，毫不保留地传授。想起她面对中央电视台的直播镜头说出的话：“我只上过三天学，学会写自己的名字，我没想到我这样一个农村老太太能到大学上课，而且一来就是天津大学，这是我一辈子最开心的事情。”我还想起10年前在田野中认识的当时80岁的河南灵宝的崔荣清大娘，她听说我们来了，早早就在山坡上的小屋前迎候，用一天时间给我们演示了整个布老虎的制作过程。黄昏时，我们要走了，她握着我的手说：“娃啊，你什么时候再来啊，我是怕等不到你了。”2018年布老虎班开班，我打电话过去，她的后人接了电话，告诉我，她已经故去几年了。幸运的是，我们的研培班在国家研培项目的大力资助下，将那些年在边缘田野里结识的民间“巧巧”们、“高手”们都请到天津大学，让他们同堂交流，共同学习和切磋。结合他们的需求，及时请品牌设计、创意大师及营销学专家为他们出谋划策，帮他们走出困境，指出自我造血的方法和路径。

我们深知，非物质文化遗产保护不仅仅是各级政府的事，不仅仅是专家的事，也不仅仅是开发商的事情，最重要的是传承人自己的事情。他们是非物质文化遗产的真正承载者和创造者，他们对文化遗产的态度，他们内心对传承的认识和理解，他们的生存状况，直接决定着非遗今后的命运。所以，关心民间艺术家所思所想非常必要。在这里我避开了艺人的称呼，更愿意真挚地称呼他们为民间艺术家、传承人，因为我觉得他们配得上这样的称呼，他们该有自己尊敬的名号。只有和他们聊天和深谈，我们才能走出课堂、走出理论，真正了解非遗保护最应该解决的问题，作为传承人的他们最想解决的问题，他们的理想是什么。所以，我们的访谈重点是探寻传承人生活经历和求艺经历中促使他形成目前风格的原因，从而追根溯源，找到最初的传统；通过对非遗技艺的过程复现，让更多秘而不宣的技法直观地呈现在影像和图片中；通过传承人对现状和未来的描述，读懂他们的误区，解除他们的困境。从田野关系的搭建，到田野关系的融合，再到无话不谈的心灵沟通，传承人给了我们师生巨大的营养。

他们结业时，也是我们师生田野工作的结课时。不，还不够，根据研培的要求，我们在传承人们回去以后，接着还要进行细致的回访，主要了解在结业后回乡取得长足进步和优异成绩的代表性学员，将其经验作为非遗保护和传承的成果案例进行新一轮推广。

所以，我们的目光所及是70后、80后、90后的传承人们。结课后，他们开始重视知识产权保护，开始主动申请作品专利，申请产品商标；开始参加全国的巡展和各类展会，积极开拓市场；开始主动走到大都市里开班授课，和营销公司积极接洽。他们开始把眼光放远，建立了自己的手艺圈，互相帮助提携让他们感到集体的力量，在传承的路上不再孤单。更可喜的是，这些令人尊敬的艺术家已经把自己的手艺和非遗扶贫工作紧密结合起来，通过开门授徒，帮助解决附近的残疾人和农村闲散的劳动力就业，让手艺成为扶贫工作坊的利器，成为乡村振兴的一面旗帜。所以，我们看到葫芦雕刻班中陕西洽川的李菲、河南南阳的侯宗娜等人都在非遗扶贫、支持就业方面独树一帜，取得了斐然的成绩。还有的学员不断创新，获得了令人瞩目的成就。他们开设自己的产品展厅或者博物馆，加大对外宣传力度，利用自媒体频频亮相，让传统艺人在现代社会发光发亮，做得比较好的有河南新乡的面塑艺术家刘真、甘肃的李华中等人。

每一个精选的艺术家都是非遗传承人中闪亮的那一个，他们无论受挫还是取得成功都是一段传奇。在贴近真实的口述实录中，我们师生本着真实记录、仔细捕捉、留住历史、启发众人的目的，让这样一套书既可以成为非遗保护成功案例的汇总，让不同行业的非遗传人在阅读中获得启发，也可以成为专业研究者的第一手田野资料，为在不同视角下研究非遗提供智慧，同时也可以成为大众的读物，在每一个民间艺术家的个人故事里，了解和亲近我们国家的非物质文化遗产保护和传承。尤其是，非遗需要从娃娃开始，从小培养孩子们的非遗保护意识，这几乎已经成为学界共识。

在这四本书中，还有一本是近几年来为配合非遗教学和研究陆续延请的全国知名学者的讲座整理。这些学者来自民俗学、人类学、美术学、历史学、文学等不同的学科领域，大多已经在非遗行当声名鹊起，其中不乏刘魁立、刘铁梁这样的学界泰斗，也有邱春林、宋俊华、李松、林继富、赵旭东、张士闪等学界大家。为的是，在倾听传承人想法的同时，聆听来自专家学者的见解，形成共振的效果。

我们的“传承人口述史研究丛书”并不会就此打住。第一辑之后，我们还会继续整理十多年来和今后的田野考察获得的口述笔记以及田野调查报告、研究文章，陆续成书，把研究继续深入下去。

民间的天地太大，民间的田野太广，在有生之年，带着美好的心愿，带着一份责任，我会继续和我的团队一起行走田野，为找寻那些被遗落在大地上的花朵而努力。

该套丛书出版之时正值天津大学国际教育学院成立20周年和天津大学建校125周年，谨此为学院和学校祝贺生日。此为总序。

马知遥

2020年3月16日

目　　录

第一章 从《中华人民共和国非物质文化遗产法》中学习非遗保护与传承

主讲人:刘魁立

主持人:马知遥

图片拍摄:天津大学非遗研培团队

文字整理:高珊

讲座地点时间与地点:2018 年 7 月 6 日 天津图书馆

图 1-1 刘魁立先生讲座现场一

主讲嘉宾:刘魁立,著名民间文艺理论家、民俗学家。

本文整理者:高珊,女,天津大学汉语国际教育硕士,研究方向为非物质文化遗产。

《中华人民共和国非物质文化遗产法》(以下简称《非物质文化遗产法》)制定

的目的是继承和弘扬中华民族优秀传统文化，加强非物质文化遗产的保护工作。《非物质文化遗产法》对非物质文化遗产的内涵以及非遗代表性传承人的认定条件等内容做出了规定。通过对法律内容要点的解读，我们要明确物质文化以及非物质文化的区别，同时认识到非物质文化遗产的共享性、活态性以及基质本真性等特征。

一、《非物质文化遗产法》要点简述

（一）联合国教科文组织框架下的文化遗产保护

1972 年通过的《保护世界文化和自然遗产公约》对世界文化遗产、世界自然遗产、世界文化与自然遗产等概念进行了区分；1998 年的"世界记忆"计划是一项由联合国教科文组织倡议发起的保护文献项目，发布了包括东巴古籍文献、"样式雷"建筑图档、《黄帝内经》、《本草纲目》等在内的《世界记忆名录》；2003 年的《保护非物质文化遗产公约》旨在保护以口头传统、节庆仪式、传统手工艺、表演艺术等为代表的非物质文化遗产。其中，昆曲、古琴艺术、中医针灸、二十四节气等作为人类非物质文化遗产代表作，在当今时代被注入了新的活力，越来越多的人被吸引到保护非物质文化遗产的队伍中来。

另外，我们要重点保护濒危的非物质文化遗产，如活字印刷术和羌族文化依旧具有生命力，活字印刷术蕴含着人们的历史情感。如今，计算机技术发展得越来越快，活字印刷术照理说应已成为过去，但活字印刷术不仅是对历史的一种贡献，同时也是一种现实的活动，依旧有很重要的现实意义。另外一个急需保护的非物质文化遗产就是羌族文化。受汶川大地震的影响，羌族文化面临消亡的困境，因此，无论是政府机构、新闻媒体还是旅游人群都要给予羌族文化特别的关注。如果对他们的文化没有一定的关注，把他们的文化群体打散，羌族文化没有了社会的、群体的存在形式，这个文化也就消失了。文化不是可以由哪一个人代表延续的，虽然在每一个人的身上都体现着某一种文化传统，但是单独的个体是不可能自己发展的。

另外，在法国巴黎召开的联合国教科文组织保护非物质文化遗产政府间委员会第七次会议上，中国申报的"福建木偶戏后继人才培养计划"被列入优秀实践名册。这不仅是国际社会对中国非遗保护工作的充分肯定，而且促进了非遗保护领域的国际交流与合作，将对未来中国非遗保护工作产生了深远影响。为了让优秀的非物质文化遗产继续传承下去，我们还需要将非物质文化遗产传承人的培育计划向全人类、全世界推广。

（二）《中华人民共和国非物质文化遗产法》（简称《非物质文化遗产法》）要点概述

非物质文化遗产是指各族人民世代相传并视为其文化遗产组成部分的各种传统文化表现形式，以及与传统文化表现形式相关的实物和场所。非物质文化遗产世代相传，在各社区和群体适应周围环境以及与自然和历史的互动中，被不断再创造，为这些社区和群体提供认同感和持续感，从而增强对文化多样性和人类创造力的尊重。其中，对于“世代相传”的内涵解读特别重要，例如，拉丁语曾经风靡世界，在当时是一门非常重要的语言。可现如今除了在法律条文上、医学药品的名称上还有拉丁文的印记，其作为一种沟通的语言形式，已经不复存在了。与之相反，以色列语是目前濒危语言中唯一重建起来的。在第二次世界大战之后，为了赢得民族尊严，许多人回到以色列，在这片土地上延续了以色列语。因此，对非物质文化遗产“世代相传”的解读，必须是它曾经存在，曾经繁荣，直到今天依然能承载我们的生活。尽管“世代相传”这几个字很简单，但实际上包含的内容非常丰富。

非物质文化遗产的保护要做到三个“有利于”，即有利于增强中华民族的文化认同、有利于维护国家统一和民族团结、有利于促进社会和谐和可持续发展。保护非物质文化遗产，也要对传统文化中的精华与糟粕进行区分。《非物质文化遗产法》要求我们要保护“珍贵”的文化遗产，像抽大烟、裹小脚之类的陋习则要坚决摒弃。

目前，我国已建立四级非物质文化遗产代表性体系。截至 2014 年 12 月，国家级非物质文化遗产名录包括 1 372 项；截至 2012 年 5 月，省级非物质文化遗产名录包括 8 566 项；截至 2009 年 12 月，地市级非物质文化遗产达到 18 186 项，县级非物质文化遗产合计 53 776 项，逐步形成了以市、县级名录为基础，以省级名录为骨干，以国家级名录为重点的梯次结构非物质文化遗产代表性项目名录体系。

另外，《非物质文化遗产法》中对非遗代表性传承人的认定条件、支持政策以及义务履行进行了规定，在 2015 年 12 月补充了《保护非物质文化遗产伦理原则》。联合国教科文组织在《建立“人类活珍宝”国家体系指南》中指出，实现非物质文化遗产可持续性保护的最有效的方法之一就是保证非物质文化遗产的传承人进一步发扬这些知识和技能，并将这些知识和技能传给下一代。尽管生产工艺品的技术乃至烹调技艺都可以写下来，但是创造行为实际上是没有物质形式的，表演与创造行为是无形的，其技巧、技艺仅仅存在于传承人身上。承载着非物质文化遗产技艺、技术或知识的传承人是非遗延续的决定性因素。我们曾经常常提到引进技术和聘请专家，实质上我们就是通过引进他们的非物质文化遗产，从而借鉴他们的智慧，这比单纯购买飞机、坦克等物质重要得多。《非物质文化遗产法》对传承人的支持就是对文化传承的支持。

同时，非物质文化遗产的传播也十分重要。非物质文化遗产的传播不应只是信息的翻制、转换和广泛散布，更应该发挥更重要的作用。国务院规定自2006年起每年6月的第二个星期六为我国的“文化遗产日”，中国的文化遗产日对非物质文化遗产的保护与传承起到了巨大的传播作用。非物质文化遗产的延续不仅依靠传承，同时也要靠传播。非物质文化遗产的传播是大家的事，是关乎每个个体的事。非物质文化遗产是有生命的，每个个体都是非物质文化遗产的传承者，都要参与到非物质文化遗产的传播过程中来。如果没有大家的广泛参与，节日也便失去了意义。另外我们要注重理解和学习非物质文化遗产的相关知识。例如，我们大家都知道瓷器这种日常生活中的用品，可是瓷器的来源和内涵是什么呢？也许我们对瓷器的情感并不是特别浓烈，可是在窑口待过一阵子，哪怕只有那么三天，哪怕只是听一听制作瓷器的声音，当你拿起瓷器的时候，感受就会完全不同。由此可见，传播本身所起的作用是极为重要的。我们对于自己平时接触的事物还是了解得太少，因此难以提升我们对这些事物的情感。我们只有对周围所有的事物都能够有深入的理解，对于自己的生活有另一种理解，才会更加热爱生活，才觉得活着这件事情是非常美好的。如果我们对于我们所过的节日有深刻的理解，我们就会发自内心地觉得过节是一件非常有意思的事。对中华传统文化认识越深，对传统文化的情感就会越深，越能体会其中的含义，对学习传统文化和传承传统文化的动力也就越强。联合国教科文组织创立各种非物质文化遗产名录的意义也正在于此，其目的是号召全人类关心和关注与我们切身相关的文化，哪怕只是一个小群体范围内的文化，都值得关注和传播。因此，传播非物质文化遗产需要依靠整个社会力量的推动。推动非物质文化遗产走进学校，培养非物质文化遗产传承的后备力量也就变得格外重要。

图 1-2　刘魁立先生讲座现场二

二、关于非遗保护与传承问题的几点体会

（一）非物质文化遗产问题的提出

广义上说，文化是人类所创造的一切物质产品和精神产品的总和。那些被人类创造或改造过的，满足人类某种需求，表达某种意图的“物”，通常被称为物质文化。非物质文化是指人类创造的、不以物质载体形式呈现的成果。我们天天看到的是物，而忽略了物质蕴含的智慧和技能。人不单单靠物质存在于世。物质仅仅提供人生存的基础性条件。更重要的是，人靠着非物质文化的习得和传承，才能不断成长。人从学说话、学走路，到懂得道理、丰富知识、掌握技艺，一天天、一年年都在和非物质文化打交道。对于社会群体来说，尤其如此。有宝贵发达的非物质文化基础，才有丰富的物质文化以及幸福和谐的社会生活环境。

现在提出来另外一个主题，叫作弘扬非物质文化遗产，由此也产生了新的口号，比如“见人见物见生活”，其目的就是让非物质文化遗产在继承和保护的过程中能够进一步发展，并和我们的现实生活进一步结合，从而使非物质文化遗产能够适应今天的历史时代。在当今时代，我们要避免成为“拜物教”的俘虏，不能仅仅关注文化的物质层面，而忽视了文化的思想内容和精神内涵。同时，要避免文化偏见，提升本民族的自信心与文化创造力，坚持文化的多样化发展。《保护和促进文化表现形式多样性公约》还特别指出，文化多样性是人类的一项基本特性，文化多样性创造了一个多姿多彩的世界,它使人类有了更多的选择,得以提高自己的能力和形成价值观,并因此成为各社区、各民族、各国可持续发展的一股主要推动力。联合国教科文组织关于非物质文化遗产保护的设计理念之一,即在于正确处理民族文化与人类文化的关系,从而确立特定民族文化的人类文化地位。

(二)非物质文化遗产的特征

在非物质文化遗产的定义中,区分非物质性与物质性载体十分重要。物质文化和非物质文化是彼此相依、密不可分的,正如一件产品和这件产品的制作技术及其实施过程不可分开一样。但同时,它们又是截然不同的两种事物。以北京烤鸭为例,一只鸭子要怎么饲养呢?过去的方法是把食物做成一个两头尖,中间大一点的东西喂给鸭子吃,然后把它放在炕上,让鸭子不断地来回活动。以前养鸭子的办法非常多,在养鸭子的过程中要思考如何让鸭子的肉质保持鲜嫩的状态。宰杀鸭子时需要在鸭子身上划一个口子,把内脏取出来之后,在鸭子内脏部位灌上开水,接着把鸭子吊到炉子上不断地刷油,最后一步是烤制鸭子,最终烤出来的鸭子里面是嫩的,外面的皮是脆的,香气四溢,令人胃口大开。饲养、制作鸭子的整个过程叫作非物质文化遗产。而烤鸭仅仅是整个非物质文化遗产的过程的最后呈现。我们吃的烧鸭是物质,而烤鸭的制作过程包括品种的选择、饲养方法、宰杀方法等才是非物质文化遗产。烤鸭的实体是容易接触的,可是如果制作烤鸭的方法不存在了,我们就吃不到烤鸭。同样,比如只有掌握了建造房屋的技术,才能建造一栋建筑。即使古代的建筑被火烧毁,但只要建造者在,只要他的记忆和智慧在,就可以无数次地以原来的方式重新建造出那样的建筑。再比如,在雕刻葫芦时,葫芦只是一个辅助性的实物,它本身仅仅是一种自然物质,虽然做出来的葫芦可以出售,可以被他人欣赏,但它本质上仍然是一种物质,这种物质我们把它称为文化物质,而雕刻葫芦的技艺才是非物质文化遗产。以茶叶为例,在一片茶园中,那些茶树是自然的,可是我们现在喝的茶已经变成了另外一种物质,这种物质我们把它叫作文化物质。而在自然物质变成文化物质的过程中依靠的就是我们自己的知识和技能。比如说我们怎么种茶树,怎么采茶,我们怎么养育茶树,怎么炒制茶叶,炒制的温度应该是多少,我们是让它更香一点,还是让它淡一点……所有的这些过程才是非物质文化遗产。不管茶树,还是茶叶,都仅仅是物质。只有保护和传承这一套过程,我们才能喝到茶。种茶、采茶、制茶的过程是非物质文化遗产,茶树、茶水等只是其物质载体。

物质文化成果一旦被人创造出来,它便脱离人而独立存在;而非物质文化则以人为载体、为主体，以人的观念、人的知识、人的技能、人的行为作为其表现形态。另外，文化传承是活态的，不是一成不变的，要推进发展，不断再创造。我们应该在保护与传承非物质文化遗产基本要素的基础上，顺应时代的潮流，赋予其新的时代含义。

同时，我们要注重非物质文化遗产的真实性、整体性、传统性，以及主体对社区和群体的认同感和持续感。认同感指我们对周围环境的感知和自我身份的确认。持续感是指当一种非物质文化遗产的形式体现在自身身上的时候，我们就知道这是昨天的历史，也是我们明天发展的一个方向。另外，我们要注重非物质文化遗产的真实性，抵制伪造的非物质文化遗产；再就是整体性，我们在保护一项非物质文化遗产时，要同时把与其相关的文化形式联系起来。比如在保护年画、秧歌的时候，如果没有过年过节的仪式存在，年画和秧歌也就失去了其特定意义。保护一项非遗，一定要照顾它的整体性。非物质文化遗产的另一个特性是传统性，即非物质文化遗产的发展传承要有利于民族团结，有利于文化认同，有利于可持续发展。

（三）非物质文化遗产的共享性特点

《非物质文化遗产法》对物质文化和非物质文化进行了进一步的比较和区分。其中，物质存在于一定的时间和空间里，是独立的、不可以共享的，而非物质是发散的、可以共享的，正如我们可以共唱一首歌，可以共同掌握一项技能，但不可以共饮同一杯酒。我们老说共饮一杯酒，但即使用的是同一个杯，你喝的是那一口，我喝的是这一口，我的这一口，已经被我喝到肚子里，你是永远喝不到的，我们不过是共用一个酒杯而已。所以物质是难以共享的。在对方谈道“我们再也不说共饮一杯酒了”，这里所指的既不是同样的酒，也不是同样的杯了。

物质和非物质的另一个区别体现在物质一旦被创造出来之后便和人脱离关系，而非物质文化常以人为载体。在非物质文化中，歌是人唱的，舞蹈是人跳的，节日是人过的，技术是人掌握的，智慧是人拥有的。而物造出来以后，比如汽车，如果人不再需要它，它便只能重新回炉变为钢铁。物质和非物质的区别还体现在生命力上。一般来说我们看不出来物质的大的变化，比如说现在我们从地下挖掘出来一个两三千年前的青铜器，通过技术手段修复，它依旧是商代的东西。但是，如果让一个非常了不起的歌星将同一首歌唱两遍，即使是当下让他重复唱，唱出来的也不一样。即使同一个人讲同一句话，两句话呈现出来的也都是不一样的。这表明非物质文化在流动当中、在变异当中、在发展当中不断演进，非物质文化是有生命力的。

非物质文化具有共享性，我们所说的“共享”，不是指不同的人对同一文化对象能够共同感知、共同感受、共同欣赏、共同品味等，而是指不同的人，不同的社群、族群，能够同时持有、共同享用、共同传承同一个文化创造成果。共享的目的不在于盲目追随他人，从而贬低、否定或是抛弃自我，成为他种文化的俘虏；而在于广泛吸纳、借鉴其他民族所创造的人类文化的精华，以丰富和建设自己的民族文化，以增强每个民族文化的生命力和创造力，从而为整个人类的文化发展做出更大的贡献。同时，这种可共享性不受时空的限制。从横向看，非物质文化遗产可以由各个民族、各个社区以及各个个体相互借鉴；从纵向看，非物质文化遗产可以代代相传，而传承人的意义也正在于此。

同非物质文化遗产共享性相关联的一个重要的基本概念是文化多样性，而非物质文化遗产共享性无疑会对文化多样性的充分实现提供强大助力。教科文组织推动非物质文化遗产保护的意义，恰恰在于借助这个文化规律为人类社会寻求一个超越物质独占，消弭人与人、社会与社会之间的纷争，并能推进人类文化繁荣发展的有效途径。因此，针对非物质文化遗产的保护，就需要有民族的视角，同时还需要有人类的视角。用人类的视角认识和保护我们各自民族的非物质文化遗产，将使我们的保护工作具有更广泛、更长久、更深刻的意义。

（四）非物质文化遗产的活态性及基质本真性

非物质文化遗产的活态性体现在它的传承过程中。它是过程中的文化，它生命的活力就在于发展演进当中，如果它不再适应社会的需求就会被历史所搁置、所舍弃；如果它不像一时闪亮的流星那样陨灭于长空，成为历史的尘埃，它就会在运动中获得长久的生命。以传统节日端午节为例，社会是动态前进的，节日的含义亦如此。严格地说，端午节也许最早并不是一个人文性的节日，而是人类跟自然对话的呈现。众所周知，中国一个重要的哲学思想——阴阳学说。端午节的背景就是：在季节变化过程中，阳气从冬至时开始逐渐萌生，经过了差不多小半年的时间，在阳气发展到已经比较强大的时候阴气开始萌生。在阴阳交替的过程中，阳气走下坡路、阴气诞生的时间段最难度过，在这个阶段，我们要做的事情也特别多。端午节是许多昆虫活跃的时候，在这个时候，我们就要帮助自己度过这一转变过程。所以我们需要戴五彩线，给孩子们点红痣，喝雄黄酒，使出各种各样的办法来防五毒。这个过程就是我们和自然的一种对话，目的是解决矛盾，帮助我们渡过难关。人们进行这些活动，其愿望就是在阴气萌生之时，避免一切不好的事物发生。从这个意义上来说，人们发现了自然阴阳交替的时间规律，并通过各种活动来度过这个时间节点，其目的和意义也可以解说为“避邪”或是“辟邪”。其后，端午节的内涵从最初“避邪”的天人对抗，到后来转变为以屈原为代表的“忠”以及以曹娥为代表的“孝”的道德内涵观念，加上不断增添的各种理念，端午节的内涵也在不断变化发展。

日本也有同样的例子，在1862年左右，日本明治维新期间，日本政府把太阴历改成太阳历，目的是“去中国化”，向欧洲学习。那时日本把所有的节日都改了，包括端午节。他们把5月5日改为“男孩节”，在这个时候他们要挂鲤鱼旗，鲤鱼是代表男孩的，如果家里有三个男孩，那么就挂三面旗子，一旦风吹过来，就会把旗子鼓起来，代表家里会兴旺发达。所以在日本，端午节原初的含义已经消失了，这与过去传统的端午节没有任何关系了。所以我们在这个时候一定要分辨哪些含义在变，哪些含义没有变。

在保护非物质文化遗产的过程中，还要注重保护它的基质本真性。这里所说的基质本真性，是指一事物的专有属性，是衡量一种事物不是他种事物或者没有蜕变、转化为他种事物的规定性尺度。对于非物质文化遗产来说，基质本真性是它的精髓，是它的灵魂。人的变化、社群的变化、时代的变化带动着文化的变化。基质本真性的概念是在承认文化事象在变化的同时，在尊重和遵循文化自身发展的规律以及承认社群自身进行文化调适的正当性的前提下，为了建设明天，而保持特定文化事象的基本同一性。当今时代，“功利”常常会压倒“意义”，这往往会使我们在功利面前，短视地把为文化发展提供助力的传统文化作为追逐功利的手段。在这时候，尤其要特别关注保护非物质文化遗产，特别强调非物质文化遗产的本真性。

“见人见物见生活”，非物质文化遗产既是昨天的生活，同时也是我们当下的生活，它也会成为我们明天生活的一部分。传承与发扬非物质文化遗产是非常了不起的高尚的工作，是有利于民族的工作。

第二章　中国非遗的保护实践

主讲人:刘魁立

主持人:马知遥

图片拍摄:天津大学非遗研培团队

文字整理:刘雪

讲座时间与地点:2019 年 8 月 6 日　天津大学国际教育学院

图 2-1　刘魁立先生现场讲座一

主讲嘉宾:刘魁立,著名民间文艺理论家、民俗学家。

本文整理者:刘雪,天津大学汉语国际教育专业硕士研究生,研究方向:互联网 + 汉语国际教育教学模式、非遗保护与传播。

21 世纪是信息和科技都十分发达的年代,但是冰冷的机器制造物是无法代替人们从手工制造品中获得的幸福感的。许多珍贵的手工艺术在现在被我们称为"非物质文化遗产",它们亟待开发和保护。国内外的法律文件中对于非遗的定义有着不同的认识，了解并熟悉非遗的定义有助于促进非遗传承人对自身的认识。我国在非遗保护工作中特别重视对传承人和公共空间的保护，但在评选的时候仍然存在一些问题。同时，在保护和传承非物质文化遗产之余，传播也是非常重要的一环。传承人们只有清楚地意识到自己身上的历史使命，并身体力行地进行实践和传播，非遗才能得到更好的发展。

从 21 世纪开始，我们以“非物质文化遗产”这样一个专有术语来概括“木雕”“面塑”等民间艺术。在“非物质文化遗产”这个术语产生之前，人们从不同的领域探索着它的历史。现在我们从一个大的历史环境下来看“非物质文化遗产”，就会发现中国在这方面的历史是很悠久的。

《诗经》中很大一部分是民歌，还包括一些庆典和祭祀仪式上唱的歌，其为我国的非遗历史研究提供了很好的史料。到了汉代，国家设立了专门收集、编纂各地汉族民间音乐，整理、改编与创作音乐并进行演奏及演唱等的机构——乐府。唐宋时期的艺术成就是十分辉煌的，不论是诗书画还是其他民间艺术都是我国历史文化中的瑰宝。到了明清两代，无论瓷器、木雕还是建筑都是非常发达的。在这三千多年的历史当中，我国一直都存在并传承着非物质文化遗产。我们只有先对“非物质文化遗产”这个词本身有所了解，才能够更好地理解我们现在所做的事情。

一、非遗法要点简述

1972 年前后，联合国教科文组织开始考虑一个很重要的问题：人类在推进文化发展的历史进程中，应该对过去的文化进行整理和保护，同时认定出对我们来说极为宝贵的文化遗产，那些里程碑式的纪念性文化遗产，应该进行重点保护，唤醒人们的文化记忆。在这样的指导思想下，联合国教科文组织制定了《保护世界文化和自然遗产公约》（下简称《公约》），《公约》得到许多国家的认可与积极响应。我国不仅积极践行《公约》，而且做出了杰出的贡献。

（一）联合国教科文组织框架下的文化遗产保护

在联合国教科文组织的框架下，文化遗产保护有了一些措施。这个框架下曾经有几个名录，这几个名录对我们来说都是特别重要的。前些年，中国在这些名录中还排在第二名，但截至今天，中国在《保护世界文化和自然遗产公约》里的排名已经上升到了第一位。

1.《保护世界文化和自然遗产公约》

这里所说的文化遗产既包括具有历史、艺术和科学价值的文物，又包括以非物质形态存在的、与群众生活密切相关且世代相承的传承文化。自然遗产则是代表地球变化历史中重要阶段,重要地质过程、生物演化过程以及人类与自然环境相互关系的突出例证。它是我国的财富,更是全人类的财富,属于“世界自然遗产”。比如云南的三江并流,在整个世界范围内来看也是很了不起的自然现象,还有广为人知的四川九寨沟等自然遗产。除了自然遗产和文化遗产之外,还有“双遗产”,即那些既是自然遗产,又是文化遗产的遗产。比如泰山,其本身是自然的产物,雄伟壮丽地屹立在齐鲁大地之上。但人们因其宏伟的外观而创造了许多文化。例如,登上泰山之后,我们会看到碑林,会看到功德碑等,这些文化的建构和泰山本身相结合,就变成了双遗产。后来又逐渐增加了一些名录,比如《世界文化景观名录》。这个名录中包括了五台山、西湖等文化景观,这些也是旅游的圣地。近些年来,我们在考虑一个问题:参加评审和列入名录的一些文化遗产差不多都是“文化的点”。对于地球来说,我们看泰山不过是一个非常小的点而已。但是,在人类发展的历程中,有许多文化遗产不完全是一个点,而是非常多的点连成的线,甚至是面。每一个点本身或许并不那么重要,但是如果能够把它们连成线,那么就成了一个非常了不起的文化创造。例如前几年我们和其他国家联合申报的丝绸之路非遗项目。申报的时候还发生了一个有趣的小故事,我们曾经想以长安为起点申报丝绸之路这个项目,但是日本人不同意,他们认为那样的话就把日本扔在外边了。所以在申报的时候,我们就不再强调以长安为起点了。后来还有海上丝绸之路,其中也包括日本和韩国。我们所申报的丝绸之路非物质文化遗产和现在习近平主席提出的“一带一路”倡议又有很深的渊源。近些年,文化线路的非物质文化遗产逐渐被大家关注。现在我们中国正在筹备的就是京杭大运河,这是一个特别了不起的文化创造。实际上,大运河很早就分段开凿了,然后逐渐连接起来,变成了现在的样子。但是现在有些部分——比如北京到河北这一段已经很难通航了。现在,我们想办法把它恢复到原来的面貌。在江南的若干地方,大运河现在仍然使用得非常好。或许在将来的某一天,我们的京杭大运河这条线也会出现在文化线路名录中,得到世界的认同。

当把一项非遗宣布为世界文化或自然遗产的时候,我们已经不再站在一个国家、一个民族的视角来看它了,它是属于整个世界的财富。所有国家都应该对本国的遗产给予特别的关注,应该投入情感对它进行保护。

2.“世界记忆”计划

在 1992 年,联合国教科文组织曾经发起“世界记忆”计划,这个计划仍然是关于如何去保护过去那些宝贵的文化遗产的。其中提出了一些记录和保存文化遗产的方法，使其变成我们永恒的记忆。因为无论在什么时代，过去的记忆都是一个非常重要的参考，例如《黄帝内经》和《本草纲目》。虽然现在我们对于植物的分析研究远远超过《本草纲目》，但是《本草纲目》的确给我们提供了一个非常重要的历史阶段上的认识。《黄帝内经》是古代中国人智慧的结晶，对于人与自然的关系有一个相对全面的认识，是一本非常了不起的中医经典。这本经典也被联合国教科文组织列入"世界记忆"计划。除此之外，"样式雷"建筑图档也被载入其中。前一阵子巴黎圣母院着火了需要修复，如果没有原来的图档，只有照片，显然无法进行修复工作。"样式雷"建筑图档现在大约是两万多件，这两万多件是明清两代样式坊（一个国家机构，相当于现在的国家建筑设计院，但是直属中央）为我们留下的。掌管这个样式坊的是雷氏家族，前后大概有六代人在那里做主要领导，用现在的话说就是中央建筑设计院的院长。他们所做的图档包括故宫的图档、颐和园的图档等一些有名的建筑设计，还包括各个地方所使用的那些家具的图样设计。这两万多张图档现在保存在故宫博物院、中国国家图书馆和中国国家博物馆，并被列入联合国教科文组织的"世界记忆"计划。当然，其他的一些很宝贵的遗产也被列入其中。前不久美国向外太空发射了一个飞行器，叫旅行者，它将各个民族和各个国家的声音带到外太空，让其他文明的生物可以听见。如果它们能够从这里获取到关于地球的声音的话，那么我们应该提供给他们什么呢？旅行者号选择了各个国家的歌曲、语言等有代表性的声音。在中国，我们选择了一个古琴曲，就是广为人知的《流水》。我们听到的比较多的可能是《高山流水》，但这两首曲子是不一样的。《流水》是管平湖先生弹奏的，现在他已经去世二三十年了。管平湖先生过去是根据简字谱弹奏的，简字谱只记录了音的高低，没有表现节奏，所以要变成今天我们可以听懂的曲子，需要经过一个过程——打谱，即由晚辈的师傅们确定音高，同时确定节奏，这样才能变成一个完整的曲子。最后中国选定送到旅行者号上的《流水》大概是七分钟，但根据规定时长一般不可超过六分钟。于是评审委员会的委员们就讨论要去掉哪一部分，听了若干次，也讨论了许多，最终没有去掉一分一秒，于是就保留了完整的曲子。如果外星人听到了旅行者号上的声音的话，那么他们所了解到的中国的声音，就是这个曲子。

3.《保护非物质文化遗产公约》

可是即便我们有了故宫的建筑图纸，故宫的建筑的技巧就能保护下来了吗？人们经过差不多三十年的努力，才有了 2003 年的《保护非物质文化遗产公约》（以下简称《公约》)。《公约》的核心是保护传承人的智慧和他们手上的技能,这是特别重要的。巴黎圣母院一旦着了火,我们还有图纸。但是有了图纸,我们就能够像法国总统所说的按原来的样子来恢复吗?还是要有掌握非物质文化遗产的这些师傅们,才能够完全和过去一样地恢复巴黎圣母院。我们做木雕的师傅们掌握的雕刻技术,例如卯榫结构等这些智慧就可以运用起来,重新建构一些重要的建筑。这才算是一个完整的遗产保护过程,只有原型不行,只有原型的记录图纸也不行,还需要有人经过近三十年的努力,才能构成一个完整的保护结构,一个整体。这也是各个国家的组织在保护非物质文化遗产方面所做的努力。

在《公约》的框架下,有几个不同的名录,中国都参与其中,但是我们并没有把它们全部移到中国来。首先是《人类非物质文化遗产代表作名录》,我国列入其中的有昆曲、古琴、针灸、二十四节气等。二十四节气的申报成功,对于中国人来说,是件非常了不起的事情。虽然二十四节气现在看来没有什么特别的用处了,好像也不是我们节日体系里面非常重要的一部分,但那是古代劳动人民根据大自然的运行规律制定的最佳的耕种时间安排——我们把它叫作时间制度,这样的智慧不是所有国家的人民都有的。我们的二十四节气是根据太阳和地球之间的关系,确定我们自己的农业劳作时间点的。古人通过阴阳合历发明了二十四节气,构成了我们自己安排生活的方法。这种阴阳合历的办法对整个世界产生了极大的影响。所以,当谈到二十四节气的时候,我始终认为这不是太阳历,而是阴阳合历。我们站在地球的角度观察太阳,当我们自己围着太阳转的时候,仿佛觉得是太阳围着我们转。那么我们怎么按照太阳的运行规律来制定二十四节气呢?那就要设定"黄道",把它分成360份,然后每隔一段时间,就立一个标志来测量时间。其实早期的一些文明民族都有这个意识。所谓两分两至,分辨起来并不难,从地球的视角是可以测出来的。当我们看到白天最长而夜间最短的时候,那就是夏至日。同样,夜晚最长而白天最短的日子就是冬至。同时,还有昼夜等分的两个时间点,就是春分和秋分。北京最近在实行一个计划,叫"中轴线文化",打算把它进行改造之后申报非物质文化遗产。这个中轴线就是现在我们知道的从故宫到前门的一条非常直的建筑线条。这条线上有许多了不起的历史故事,不能只是简单地把这条线画出来,还有一些辅助性的东西。比如北京有四个门,就在二环线上。同时还有一个过去非常重要,但今天我们不够关注的文化代表,就是四个坛:天坛、地坛、日坛、月坛。过去,皇帝要在春分、秋分、冬至、夏至四个节气时在天坛、地坛、日坛、月坛祭拜。春分在日坛,秋分在月坛,冬至在地坛,夏至在天坛。现在这几个地方都变成了公园,几乎丧失了原有的庄严和特别的价值和意义。所以我认为将来的某些时候，这四个坛的文化价值都应该得到更好的恢复。

图 2-2 刘魁立先生现场讲座二

在联合国教科文组织《公约》的框架下还有两个名录，其中一个是《急需保护的非物质文化遗产名录》，我们实际上已经把它放在代表作名录里面了。活字印刷术是我国的四大发明之一，但韩国申报了铜活字这项非遗，他们大概是保存了一盘铜活字，所以我们就无法申请了。实际上，他们的铜活字印刷是从中国传去的，而他们的铜活字也是汉字。到现在为止，我们仍然在一些特殊的情况下使用活字印刷技术印刷一些东西。原来藏族的《大藏经》曾经印过几次，一次是铅印，送到庙里大家感觉不合适，于是就开始用其他的办法印制，最后用了木刻板。现在许多地方在印家谱的时候还在用这种办法。现在人们在日常生活中几乎都不再用木活字或者铜活字了，甚至也不用铅字。过去的印刷工人是非常辛苦的，端着一个木盘子，一个一个地捡铅字。标点符号用过了三次五次之后再印就模糊了，因为铅字经过不断使用就会有损耗，那就需要重新回炉再造一批铅字，而现在几乎找不到这样的印刷厂了，所以这项技术当然应该给予保护，不然就完全丧失了。还有一个项目叫作“羌年”，这是羌族的一个文化。羌族的人很少，万一这个民族被打散了的话，他们的文化就不能延续。常常会有一些人迁居到另外一个地方，但是其文化却很难保留，这是因为他们缺少了一个公共的文化空间。维持一个整体性的文化，必须有一个群体作为基础。比如一个河北人突然到广州去，就很难把河北的习俗带到那里去，即便带过去了也很难保留下来。于是，我们就开始考虑怎样来解决这个问题。我们把这些羌族的同胞迁居到一个共同的地方，而且迁居之后选择了一个能够集中体现羌族文化的项目，也就是“羌年”。最终，“羌年”被列入联合国教科文组织的《急需保护的非物质文化遗产名录》当中了。现在，羌年这种文化经过大家的关照保护得不错，也许到一定的时候，我们会提出一个更好的办法，使这种文化不再是急需保护的，而是一种鲜活的文化。

除了这个名录，还有一个名录叫《优秀实践名册》，我国的福建木偶戏后继人才培养计划被列入其中。这个计划做得很好，而且实施得很好，所以得到了世界其他国家的关注。

这就是联合国教科文组织的一些法律和公约下的几个非遗保护名录，在这几个名录中，我国都积极地参与，并做出了非常重要的贡献。

（二）《中华人民共和国非物质文化遗产法》的要点

中国在保护非物质文化遗产的领域里，做了非常多的工作，除了几个非常重要的名录外，还有法律的建构。《中华人民共和国非物质文化遗产法》（以下简称《非遗法》）的制定对于后来我们所做的一些工作都有非常重要的作用，使得我们后来的非遗保护工作能够顺利进行。

1. 非物质文化遗产的定义

非物质文化遗产的定义是需要高度关注的。我当年给人大常委会做非遗法讲座的时候，有人提出过一个问题：是否要把“保护”这两个字放进去，也就是“非遗保护法”。现在我知道有些地方在制定相关的法律条例的时候都会把这两个字放进去。还人会问：“是不是非物质文化遗产里的所有东西都需要保护？里面要是有糟粕呢？”我就做了这样一个解释：非物质文化遗产的定义已经非常明确地分辨出来什么是糟粕，什么是精华。我国给非物质文化遗产下的定义是，非物质文化遗产是指各族人民世代相传并视为其文化遗产组成部分的各种传统文化表现形式，以及与传统文化表现形式相关的实物和场所。它包括：①传统口头文学以及作为其载体的语言；②传统美术、书法、音乐、舞蹈、戏剧、曲艺和杂技；③传统技艺、医药和历法；④传统礼仪、节庆等民俗；⑤传统体育和游艺；⑥其他非物质文化遗产。属于非物质文化遗产组成部分的实物和场所，凡属文物的，适用于《中华人民共和国文物保护法》的有关规定。首先，“世代相传”“是广大人民群众的”大家都能够理解，这里先指出来非遗的历史长短问题，然后指出来人群的问题。“视其为自己的遗产的组成部分”的含义是什么呢？举例来说，现在很多人经常搬家，搬家的时候你会把以后永远都不会用的破抹布、旧鞋都带到新家里去吗？不会，因为你并不把它看作遗产。但是如果这是你母亲使用过的一个家具，你会把它带过去吗？当然会带过去。很多人都会把自己的祖父、祖母、母亲、父亲所遗留下来的、曾经使用过的、仍然具有非常浓重情感内涵的东西带去。有人说，过去中国人裹小脚，这是不是文化遗产？我当年学习的时候，曾经到过一个非常偏远的地方——靠近芬兰的地方。那里的人没有见过中国人，他们就问我是不是中国人，我说我是中国人，但是有的人不相信，因为我当时没有说中国话。我就说，要不我说两句中文给你听听，他说你不用说了，中国人都裹小脚的，于是就说要我脱下鞋来给他看看我的脚。当然这是一个笑话了，裹小脚的确是一段历史，但我们从来不把它看成遗产。过去的风俗是女孩裹了小脚好出嫁，不然的话就嫁不出去。那是一个非常短的时期，我们很快就把这个风俗摒弃了。另外那个人还说，中国人还抽过大烟，我说，你要说抽大烟是中国人的遗产的话，那我告诉你其实那是英国人的遗产。他说这句话没道理，我说怎么就没道理？中国人是从早晨起来，一直端着茶碗喝到晚上睡觉的，但是我们从来没有把喝茶当作一个特别的节目，反而英国人创造了下午茶。而且很早以前，英国人觉得中国人很奇怪，一个苦苦的树叶子，明明是很难喝的东西，却要花那么多钱去喝，这是为什么呢？实际上，后来英国人也开始喝茶了，而且把它看作富足和尊贵的象征。茶叶和我们刚才提到的丝绸之路是有关系的，当时我们通过丝绸之路将很多中国的东西运出去，其中就包括茶叶。茶叶在外国销售得很好，英国人喝上了瘾，通过丝绸之路运输出去的这些香料、茶叶、丝绸等中国特产为中国创造了外贸优势。

从这些例子中也可以看出来，其实我们已经把历史文化中的精华和糟粕分得很清楚了。我认为非遗的定义是每个手艺人都应该了解且熟记的，这样我们就知道现在所做的事情是什么了。我们所做的木雕和面塑，是整个民族非物质文化遗产的重要组成部分。所以我们是光荣的，我们的工作是神圣的，我们的价值是高尚的。

关于非物质文化遗产，大家可能会问：孔老夫子的学说是文化遗产吗？那当然是我们的文化遗产，这种学说当然也很重要，但是之所以没将其列入《非物质文化遗产名录》，是因为这些优秀的学说早就已经被古代朝廷和历代知识分子非常认真地保护起来了，现在也许没有必要特别加以保护。而现在需要特别努力关注和保护的是过去被贬低甚至是被误解的那一部分文化遗产。这一部分，正是我们老百姓平常生活中最重要的组成部分。这些如果得不到保护，就很有可能会被人们忽视,甚至被遗忘、被历史所抛弃。其中就包括我们今天所做的民间美术和民间工艺品这两部分。

2. 联合国教科文组织对非物质文化遗产的定义

联合国教科文组织对于非物质文化遗产的定义是:非物质文化遗产指被各社区、群体,有时是个人,视为其文化遗产组成部分的各种社会实践、观念表述、表现形式、知识、技能以及相关的工具、实物、手工艺品和文化场所。这种非物质文化遗产世代相传,在各社区和群体适应周围环境以及与自然和历史的互动中,被不断再创造,为这些社区和群体提供认同感和持续感,从而增强对文化多样性和人类创造力的尊重。这里面首先讲的是"各社区、各群体,有时是个人",这强调了非遗的主体。"视为其文化遗产组成部分的各种社会实践、观念表述、表现形式、知识、技能以及相关的工具、实物、手工艺品和文化场所",和我们自己的非遗法理论是一样的。"这种非物质文化遗产世代相传,在各社区和群体应周围环境以及与自然和历史的互动中,被不断地再创造,为这些社区和群体提供认同感和持续感,从而增强对文化多样性和人类创造力的尊重",它到底是怎么形成的?它的基础在哪里?这里讲的是各社区和群体适应,周围环境在历史的对话当中不断地被创造。这一点很重要,非遗既是从历史中来、从昨天来的,同时也是被我们不断发展推进的。我们不能在古人为我们创造的那些文化上裹足不前,一定要加上我们自己的理解和对时代的关注,这样才能够有新的文化创造。另外,它的功能会对我们今天的生活有什么样的影响?这里说的是为这些社区和群体提供认同感和持续感,这两点很重要。首先是认同感,就是我们大家都共同来维护非遗文化,而且彼此之间产生非常好的情感交流。另外就是历史感,我们知道我们自己的文化从昨天而来,体现在我们身上,同时要把它推进下去。我认为无论是非遗的功能和作用,还是它的生成和对于现实的价值和意义,在这个定义中都体现得比较完整,所以也希望大家能够特别关注。这就使得我们对自己所做的事情有更充分的认识,更有自豪感。我们不要把所做的事情仅仅看作没有什么了不起的一个手艺,它的意义和价值就体现在定义中所说的那些地方。当然,联合国教科文组织对非遗的定义有一个范围,它所包含的内容和我国的《非物质文化遗产法》相比各有长短。这份定义比较概括,分成几个大的方面,《非物质文化遗产法》的定义比较具体,其中最重要的可能就是"保护"到底是什么意思。保护实际上有三层意思,首先是确认、立档和研究。这是在一个项目立项之前所要做的事情,只有对它有初步的认识,才能够确定它是一个值得保护的非物质文化遗产项目,这样才能够对其立档和研究。其次要有进一步的关注，也就是保护和宣传。有了前两步还不够，还要进一步弘扬、传承和发展，让它能够在我们的现实生活中起作用，让它在将来的历史发展的过程中起作用。我觉得如果把保护的这几个最基本的核心把握住，就能够把握好前进的方向。在我们把自己的手艺提高的过程中，能够把握最广泛的、最宏观的价值和意义，也许我们的日子就会特别有意义、有价值，使得我们不单单停留在简单的手艺当中。

3. 非遗评选的项目化存在的问题

最近，第五批非遗代表性项目申报工作已经开始了，全国各省都在努力工作。我们分配给各省三十个名额。当然，也有需要给予重点关注的，比如少数民族地区、边疆地区，特别是没有国家级的非物质文化遗产代表性项目的地区。在申报的过程中，需要填写一个表格。这个表格，过去我们是按照自己的想法来设计的，这一次我们更多地参考了联合国教科文组织的表格的形式，虽然看起来比过去容易一点，但是要求是更高的。在非遗的评选中，常常会涉及一个问题，叫作“项目化”。我们在评选的时候，常以项目为途径，因为这相对而言是一个简便的办法。比如评选一个木结构建筑，或者是评选一个木雕或者面塑手艺，听上去好像直接明了，但其实有一些隐含的问题。例如，龙舞是放在舞蹈里面来评的，秧歌也是放在舞蹈里面来评的。但是如果没有了节日作为依托，就不会有耍龙灯和狮舞。所以必须在节日的范畴里谈龙，而不是在舞蹈的范畴里谈龙。当鼓点敲起，大家在扭秧歌的时候，观众会被拉进来一起扭。那个时候大家都不会在意到底谁扭得好，谁的舞步最正规，我们欣赏的是那种洋溢的情感，动作在这个时候已经是次要的了。所以项目化本身是有问题的，它把周围的人和环境都忽略了。

木雕艺术无论在节日上还是祭典上，总是不能没有观众的。如果自己的木雕没有人去欣赏，我们天天坐在家里面自己雕给自己，那手艺是无法延续的。所以项目化还存在另外一个问题，就是对象的问题。所有的非遗都需要有一个公共空间，没有了公共空间，任何的民间文化和非物质文化遗产的存在都是不可能的。我们的木雕也一定要有一个欣赏的对象，只有这样才能够真正地让人感觉到做的这件事情是有用的。所以文化的公共性的存在，构成了文化发展的最重要、最基础氛围。项目化如果不考虑这样一个整体性的背景，就没有办法真正把非遗保护下去。

另外，项目化还有一个问题就是对传承人关注比较少，而中国从一开始就设置了代表性传承人名录。这个代表性传承人名录之所以重要，就是因为它是整个非物质文化遗产的核心，没有传承人就没有非物质文化遗产，这是最关键的观念。非物质文化遗产在哪里？它不在外在的世界，不在泰山，也不在故宫，而在每个传承人的头脑里和手上,是智慧和技能的总和。所以我们从一开始就设计了传承人名录,到现在为止已经评选五批了,有 3 086 位传承人被列入名录。这样一批国家级的代表性传承人支撑着非物质文化遗产。如果单纯从项目化来评论非遗的话,可能就会失之偏颇,应该从整体进行保护。

二、我国的非遗保护实践工作

我国在非遗保护中做了许多实践工作。首先,我们建立的代表作品名录的前四批到今天为止已经有了 1 300 多项了。现在正在进行第五批的申报工作,每个省在九月底之前报到国家 30 项。这 30 项我简单计算了一下,加起来大约有一千二三百项。因为这里面不仅包括各个省区,同时还包括一些国家部委。这一千二三百项里面,最终评选后能够成功多少项无法估计,所以形势相当严峻。过去是每两年评一次,从 2015 年到现在已经过去近 5 年了,这 5 年当中大家已经积蓄了很多申报项目和材料。有些省份现在积累了 200 多项需要申报的项目,需要从 200 多项里面选 30 项报到国家,然后国家还会进一步筛选。所以有些未被选中的项目也许最后只能受到百分之二三十的保护。我认为,我们在进行非遗评选和保护工作时过分看重级别。其实当个人向县级申报的时候,实际上也是向国家进行了一种许诺,它们的价值应该是一样的。尽管这些项目的宣传范围可能小了一些,但我们不应该区别对待,只花费百分之二三十的力气保护它。可能有些项目比较幸运地到了省级,我们会花 50% 的力气去保护。到了国家级的项目当然会得到更多的保护了。其实它们的荣誉应该是一样的。就我个人来说,这当然是可以理解的,但是就各级政府来说,如果一再强调级别,我觉得就有失公允了。有的时候我甚至觉得也许不必那么认真地对待这件事情,因为实际上每一项民间文化都是对历史和民族的许诺,都有其珍贵之处。

另外我们还建立了另外一个名录——传承人名录,我觉得这个名录非常重要。现在我们大家都是在这个领域里面非常重要的人,但在过去,从来没有人对我们这些人那么高看过,也从来没有一个名录,更没有把我们提升到文化创造者这样一个高度。而我认为,各位就是历史的创造者。历史不仅仅是政治家和发明家的历史,也是我们广大传承人的历史,是我们创造文化的历史。一谈到菜系,大家谈的都是那些广为人知的“鲁川粤淮”菜系,但我们在成长中更多吃到的是自己的父母在家里做的饭菜。我们的手艺就是这样的价值,虽然它并不像四大菜系那么光鲜,但却是“家中常备”的。所以我认为创造历史一定要看究竟是个人创造历史,还是广大群众创造历史，这是历史观的问题。过去从来没有对我们的传承人有过这样的认识，有些传承人的名字根本没有留下来。我们现在都知道，秦始皇“车同轨，书同文”是了不起的文化创造。许多文化创造都是用那些名人的名字来命名的，但是真正做的是普通的手艺人。南京，修过一个内城的城墙，后来为了开路拆了一块墙，拆下来的砖上有几个名字，写着“假手某某某”，就是来招工的人、看窑的人、脱坯的人等的名字。虽然看上去这些名字好像留下来了，但实际上，我们只知道这是谁，是哪个朝代的。皇帝的或者大臣的名字都留下来了，但是他们并不是创造文化的人。再比如兵马俑，将军和武士的身上有的时候会有名字，那是工匠们把自己的名字刻在上面，表明这是我的作品。吕不韦是监造这个工程的人，在《吕氏春秋》里，他自己写了一段话，其中提到“物勒工名”这一现象，即把名字刻在做的东西上来考察工匠做这件事情是不是尽心尽意。万一这个东西做得不好，检查出来有问题，则必行其罪。这是过去对于工匠的态度，而我们现在的代表性传承人名录不是这样的。代表性传承人向国家提出申请，无论是县级的、市级的，还是国家级的，都有一些保证。我认为这些保证很了不起，因为他们把自己的手艺和智慧，已经不再看成自己的，而看作国家的，看作历史留给他的，看作整个民族的。过去，一旦你做错了事是要杀头的，但是现在不一样了。“梅葆玖”是第二批国家级传承人，每一次会议，他都盛装出席。他说，他有那么多头衔，其中最使他骄傲的就是“非物质文化遗产传承人”这一头衔。他说这个头衔不光反映了他是一个技艺大师，更说明了他的历史价值。这是很重要的。我认为这样的行为可以称为“公产意识”，就是现在不再像过去一样愿意干就干，不愿意就不干，愿意带徒弟就带，不愿意带徒弟也没关系了。成为传承人就等于向国家、政府、整个人类做出了许诺：“我不再把这种技艺看作我个人的事情，而看作整个社会的事情。”它不是私产，而是公产。另外，传承人向国家做出了许诺，同时国家也向传承人做出了许诺。《非物质文化遗产法》里有许多国家做出的承诺，比如资助，比如创造条件，比如列入名录，比如提供一些学习班。所以我用两个词来表达政府与传承人的关系。第一个词叫作公产意识，第二个词叫作契约精神。我们要履行契约，政府也要履行。在这一点上，我国做得很好。

联合国教科文组织一直没有给予传承人特别的关注，而我们从一开始就有这个名录。当然，联合国教科文组织后来发了一个文件，提出了“伦理原则”，我认为这就是为了弥补对传承人和社区的关注度不够才提出的。从时间的顺序来看，的确是这样的。中国的实践经验，对于世界来说是一个极好的参考。我觉得联合国教科文组织制定的这个公约,应该算是一个非常好的补充,我们为他们提供了非常多的经验,也给他们创造了一个新的范例。这一点,我觉得在过去的实践当中,也起到了非常大的作用。我们对传承人缺乏关注,是对非物质文化遗产本身最大的损害。当然,传承人之间相互提携也很重要,对于自己的价值的认识和自己在这个价值认识之上的一些行为、创造也会有所提升。前些时候,我接触了几位大师。一位是在龙泉做青瓷的,当地青瓷做得最好的师傅之一就是这位叫徐超清的师傅。徐大师带了很多徒弟,一次和另外几位大师在一起座谈的时候,我坐在他旁边,他一下子把胳膊抬起来,给我看他的肱二头肌。当时他穿着一个长袖的衬衫,他稍微这么一举起来的时候,我以为那里搁着一个馒头,不知道的肯定会以为是得了什么病。他告诉我他六七十年来天天拉坯,所以肱二头肌特别发达。然后他又告诉我他没有指纹,我拿起他的手来一看,果真是平平的、白白的,没有指纹。也不是完全没有指纹,就是根本摸不出来有指纹,如果仔细去感觉,是会感觉出来的,但是看不出来。他说:“我这一辈子啊,努力去做好一件事就不枉此生。我应该特别认真、仔细、忠诚地办好这件事。”我当时非常感动,我觉得这几句话实际上是对工匠精神最好的概括。

三、传承人、传承和传播之间的关系

我有时在想,这些传承人,除了做好自己的事情,还应该做另外一件事情——传播。过去,我们常常把传承和传播放在一个角度上来讲,好像两者区分并不明显,但实际上传播是一个非常重要的概念。这个概念所包含的内容和体现的价值,在某种意义上不比传承差,它的重要性应该是和传承一样的。我们现在所做的事情不是传承,因为我们在这里既不讲技术也不讲智慧,我们讲的是如何让非物质文化遗产得到更好的保护。这其实是传播,让大家知道非物质文化遗产的重要性,从而认真去保护它。

图 2-3　刘魁立先生现场讲座三

我们生活在这个世界上，每个人的追求，我个人认为可能不外乎两件事，首先是富足，就是什么东西都要多，房子要多，财富要多。富足鼓励创造，鼓励努力奋斗。我们努力去创造、积累，让我们的生活更加丰满。我们追求的第二件事情就是便捷。过去我们走路，后来我们骑自行车，再到后来我们开四个轱辘的汽车，现在我们坐飞机飞到天上去，这就是便捷。过去我们烧柴火做饭，现在我们用煤气炉、电磁炉等，这也是便捷。这些都是通过工具来改善我们的生活，让生活更加便捷。从正面意义上来说，富足和便捷都是人类的追求。我们的许多发明，都是为了富足和便捷，但是我们生活里有了富足和便捷就够了吗？没有快乐，没有幸福感的生活是不美满的。而富足和便捷在一定意义上是可以提供快乐和幸福的，但并不完全是。我们现在所做的非遗就是为人们提供快乐和幸福的。现代许多科技是可以代替过去人们通过手工做的事情的，但是为什么手工在今天仍然还能够存在，而且受到大家的欢迎呢？按理说，机器做出来的那些非常漂亮的工艺品，比我们现在做的面塑更简单、更快捷，色彩更鲜艳，样式更复杂，但是不会像我们现在所做的面塑提供给大家一种幸福感和历史认同感。假如我们现在拿起一个塑料做的饭碗吃饭，那是很简便，也很省钱的。但是当你拿到一个大师做的压手杯来喝茶的时候，那种幸福感绝不是塑料杯能代替的。如果我们是一个历史的存在，是连接昨天和明天之间的一个环节的话，这些东西就绝对不能没有。

一旦它们消失了，我们既不能继承昨天，也不能发展未来。所以从这个意义上，我觉得我们所做的事情非常了不起。有的人说，非遗这件事好像是昨天的，其实这也是明天的事情，因为幸福不只是富足和便捷能够给你的。举个例子，过年难道会提供给我们非常多的物资吗？过年能够让我们特别便捷吗？不能，但是过年是可以给人提供幸福的，人们可以彼此认同。通过这个文化传统，我们知道我们是从自己的祖先那里来的。当我们的技术成熟以后，登上月球去背面看看，我们会发现那是一片冷土，没有广寒宫，没有玉兔，也没有嫦娥。难道我们知道了这个事实之后，就失去了那种快乐吗？当我们说起这个传说的时候，仍然还有诗意，仍然还有情感，仍然还有快乐，这是我们对这个天体的认识。就像现在我们的木雕和面塑一样，我觉得功能的转变，更应该使我们意识到自己的价值和地位。

刚才有一位大师送给我一个非常小巧的钟馗面塑，我们现存的世界没有钟馗，但是钟馗提供给我们一个非常好的观念，是说人类也有善恶，也有神鬼。有人说这是迷信，这种迷信在非物质文化遗产里面占有一定的地位，所以一些人对非物质文化遗产有一些别的看法。比如现在的庙会，有的人说这个不就是鬼节，是迷信吗？庙会的产生是和信仰有关系的，但是如果分析一下今天我们所谓的信仰，有的人说是迷信，有的人说不是迷信，是俗信。就像我们现在所做的名录，没有把民间信仰或者民间宗教这些名词摆上去。我们现在已经进入了这样一个历史时代，我们已经不再相信月亮上真的有嫦娥，我们知道那是一个冷冷的星球。但是我们非常希望那个关于嫦娥的传说能够保留下来。

其实传播的意义很重要。我们之前提到过“公共空间”，如果没有了公共空间，人们无法进行情感的交流，非物质文化遗产就没有未来。所以没有公共的空间和公共的情感交流，非物质文化遗产是不能存在的。我们常以为传播就是媒体的事情，其实不是的，传播应该是我们所有人的事情。我们现在做的就是传播，因为有了各位才有了我。传播可以培养后备力量，比如现在的文化进校园、进社区。也许十万个人里面，会出现一个大师，也会出现十个对这个行当特别感兴趣的人，成为这个行当的后备力量。除此之外，在传播的过程中，会提升我们作为传承人的价值和大家对我们的尊重。在某种意义上也是鼓励我们，让我们做好自己的事情，让我们认识到自己的价值。总而言之，传播本身有特别重要的意义。

婺州窑做白瓷的一位大师叫徐文奎，他不是国家级传承人。徐先生做白瓷的手艺极高，但他打动我的是他所做的传播。他在做瓷器的过程中，曾经在三年的时间里向二十万人做宣传，到学校、社区中去，到各处去。在学校的时候，他跟那些叛逆的、特立独行的孩子们接触。这些处于叛逆期的孩子们很少能够把自己的心里话跟老人讲,好像他们自己有自己的一套行为方式。这些羞于表达爱意的孩子们在徐大师的帮助之下将自己做的陶瓷送给家长。于是就在这段时间里,他就教孩子们拉坯,给大家烧制做好的作品,和大家约定举行一个仪式,在妇女节的这天,把家长们请来,孩子们拿着自己的作品,说一些平时不会说的话。那个活动上家长们和孩子们都哭成了一片,每个人都很感动。我当时听了这个故事,感动不已,这就是传播。还有一次,他带着自己的徒弟们到监狱去,有一个刑期很长的人认真地做了一件瓷器。然后大师帮他把这件作品卖了 28 块钱。其实如果是大师做的话,也许能卖几千块,但是因为这是一个无名之辈做的,所以才卖了 28 块钱。然后徐大师就把这 28 块钱交给这个犯人,告诉他这就是这几个月的劳动所得,这个犯人拿着钱,哭着告诉大师:“我知道如何做好人了,我从监狱出来之后,不仅不再做坏事,而且会自食其力。”这就是传播的力量,也就是我们所说的非物质文化遗产带给人们的那种快乐和幸福,这不是工业品能够替代的。从这个意义上再看非物质文化遗产的创造者,他们对这个社会的贡献是巨大的。

第三章　日常生活中的民间手工艺

主讲人：刘铁梁

主持人：马知遥

图片拍摄：天津大学非遗研培团队

文字整理：赵静宜

讲座时间与地点：2018 年 7 月 3 日　天津大学国际教育学院

图 3-1　刘铁梁教授现场讲座一

主讲嘉宾：刘铁梁，山东大学一级教授、北京师范大学文学院教授、博士生导师，曾任中文系民俗学教研室主任，文学院民俗学与文化人类学研究所所长、著名民俗学家。

本文整理者：赵静宜，女，内蒙古锡林浩特人，天津大学国际教育学院在读研究生，研究方向为非物质文化遗产保护、民俗学。

手工艺的制作及其交往性消费是城乡社会日常生活的有机组成部分。在当下非物质文化遗产的话语环境中，有必要对于民间手工艺的生活属性给予重新认识，这对于民间手工艺传统的继承与发展至关重要。当代中国人日常生活方式发生了深刻的变化，集中表现在相互关联的两种行为模式即劳作模式与交往模式之上，民间手工艺的制作和使用都受制于这两种日常行为模式的变化过程。所以，享有非遗传承人荣誉的手工艺人尤其需要充分认清和履行自己在日常生活中的民俗角色，以使民间手工艺的传统价值不断提升。

一、民间手工艺的日常生活属性

对待“非物质文化遗产”（或称“非遗”）这一民间手工艺文化属性的概念，应持一定怀疑的态度，但不能怀疑的是我们这些手艺人要坚持扎根生活，要从生活中获取艺术灵感和营养。我们所从事的各种工艺品的制作、创作，本来就是城乡生活的一部分，是艺术性的劳作或劳作性的艺术。加到这些手工艺之上的所谓“非遗”的价值认知，是出于近些年来政府与文化界提出的文化保护理念，是从部分被认定为文化保护对象的概括性称谓转换而来的。现在，非遗一词非常流行，我们发现，使用最多的地方就是在民间手工艺领域，如许多的民间手工艺展览会的名称被“非遗展览”所取代。但是我们必须要说，非遗的内涵并非民间手工艺的本质。

民间手工艺品与许多其他纯粹艺术品的最大区别，就在于它有着鲜明的大众生活属性。绝大部分民间手工艺品是人们在日常生活中所使用的物品：或作为礼物用在馈赠和情感交流行为当中，如布老虎、花馍等；或作为装饰品来布置居家环境以展现主人情怀，如彩绘、年画等。一个社会的运行需要秩序，手工艺品的制作一定程度上就是服从于社会秩序维系和巩固的需要。所以，离开这些工艺品的制作，交流可能会出现问题。这种民间艺术是传统礼乐文化在民间的一种表现，是建构中国基层社会与文化的生活艺术。

手工艺品只是到了现在才叫作非物质文化遗产，以前是没有这种概念的。这种比照古代文化遗址、文物等文化遗产而产生的概念，本来只是政府为认定某些文化保护项目而使用的，并非指向事物本质的概念，因而也不能代替各种民间艺术的概念。在很长一段时间里，专家们喜欢从纯粹艺术的角度来评论和研究民间艺术，结果它们原本的乡土生活属性被冲淡了。现在用非遗的概念来强调一些民间艺术作为遗产和作为保护对象的性质，同样容易忽略对民间艺术生活属性的认知。有人会说，非遗保护工作就是要对民间艺术的乡土生活属性给予保护。但是，这个说法的逻辑其实是不通的，因为民间艺术与乡土生活是一同发展变化的，这是民间工艺、乡土生活属性的题中之义。乡土生活已经变了，乡土艺术难道可以不变吗？随着社会的变革，我们所有社会关系的交往都在发生变化，民间手工艺作为礼物和装饰物的生活属性可能会消失，逐渐被收藏品或旅游消费品的生活属性所替代，这是大势所趋。在这种情况下，手艺人只能肩负起时代的使命，顺应历史发展趋势，将乡土社会的传统和今天的旅游消费市场、收藏品市场无缝衔接起来，营造出具有时代感的文化氛围：既不忘历史又不断创新。

虽然民间手艺人的艺术作品有很多的艺术形态，但这些艺术作品具有艺术的一般属性，反映出中国乡土社会的精神气质和劳动者的性格。这些手工艺术与中国画等文人艺术虽然都属于中国社会中的传统艺术，但是在受众范围上是有很大区别的。中国画的受众范围比较小。老百姓更喜欢那些乡间的彩绘、年画、剪纸、面塑等，而且把它们看作自己生活中的伴侣。因此，民间手艺人创作的核心动机是让自己的艺术能够融入大众的生活，使人与人之间的交往变得更有滋味、更有情义。

源自乡土生活的手工艺品，一般也具有商品的属性，手艺人可以靠手艺来获得一定的经济收入，但是绝大多数手艺人不仅看到了靠手艺可以挣钱，而且还看到了这些手艺在满足人们精神交往需求上所具有的价值。当代手艺人清醒地意识到，人们精神交往需求的形式和内涵正在随着生活方式的改变而发生变化，比如现在手工艺品已经与旅游消费结合得越来越紧，这也是手工艺生产能够满足当代人精神文化需求的一条宽广渠道。

民间的手工艺人，其实比我们做学术的人都更加懂得要跟着时代的改变而改变自己的道理。他们不得不考虑如何在更为激烈的市场竞争中来发挥手艺的特长，同时也积极地通过创作来表达当代人的生活感受。所以，民俗学者可以向手艺人群体讨教的不只是他们身上的那些技能、绝活，更重要的是他们所积累的那些生活经验。在我们这个非遗传承人培训班上，我看就应该多做这方面的交流，而不是空谈非遗保护的大道理，坦率来说，我们现在关于非遗保护的一些想法，甚至是理念，都与社会发展的现实相脱节。

手艺人一旦被命名为非遗传承人，就有责任参与具体的非遗保护工作，但是更重要的责任，还是要让民间艺术在当今时代发挥出巨大能量，特别是要把我们的真情实感融到作品之中，通过精心的创作来与广大艺术消费者进行“掏心窝子”式的交流。优秀的民间艺人能够用最淳朴的艺术语言表达出丰富的人间情感，这种艺术气质才是我们要特别给予保留和发扬的东西。

民间手工艺所扎根的乡土社会发生了时代性的变革，所以民间手工艺在生活中的地位也就随之改变。民间手工艺的制作与使用，属于艺术性的劳作行为与交往行为，始终影响着城乡大众生活秩序和文化的建构。因此，我们必须结合整个社会日常生活方式的变化来看民间手工艺社会的作用和艺术价值的变化。在市场化、城市化、信息化过程中，人们的劳作模式、消费模式和交往模式普遍发生变化，而且一变再变。总体来看，原先城市人与乡村人的生存环境是界限分明的，日常行为模式也有着显著差异，但是现在这种界限和差异正在消解，城市人与乡村人之间的交流互动日益频繁。与这个趋势相一致的是，民间手工艺作为城乡之间进行文化交流的桥梁作用越来越明显，这反映出民间手工艺的生活属性或者说生命是没有被削弱的，我们对于民间手工艺的时代性文化担当，必须要有清醒的认识。

为了形成这种清醒认识，我们有必要从实践民俗学的视角，就是从当下人们日常生活变化的视角来看问题。我认为，把包括民间手工艺在内的一些文化实践放在当代日常生活中来研究和把一些文化现象当作前人的遗产来研究，体现的是两种不同的文化观念，后者暂时抛开当代生活的现实变化而研究文化问题，虽然可以指导考古学、文化史等研究，却不可以指导民间工艺在内的生活文化领域的研究。

二、村落劳作模式中的手艺

一般来说，工业化主要影响了城市的生活，而农村生活在很长一段时间里都停留在前工业化时代，这在国家治理的城乡二元社会体制下，表现得非常明显。农民“日出而作，日入而息”，今天农村中直接从事种植业的村民人数已经很少，农田的耕种任务交给了种田大户。许多村民或出来做工，或就地从事特种商品生产，或经营旅游接待的业务等，村民日常劳作中新的身体经验、生活感受可以说是前所未有的，这就是我们所说的村落劳作模式的转变。

村落劳作模式的概念，是出于观察和理解村民日常生活行动的目的而提出的，指的是作为村民身体经验的特定模式化的生产与交换活动，包括：如何利用周围自然资源，进行何种生产，拥有哪些生产知识与技能，结成了怎样的生产组织，形成了怎样的交易方式和消费习惯等经验。由于农业生产依赖以村落为边界的土地，所以也就形成了具有一定边界的村落劳作模式。考察村落劳作模式的历史变化，对于解释村落社会建构的经济动力和理解村落文化的亲和力来说具有特别重要的意义。在城乡经济发展的过程中，村落劳作模式作为村落生存发展过程中的历史现象,它的变化直接关系到村落共同体的未来。

村落劳作模式普遍发生改变的年代是在最近的几十年,但是早在清末民初,受工业化和城乡市场体系变迁的影响,华北农村中就出现了村落劳作模式的变化,只是这种历史变化,一直没有引起民俗学者的注意而已。

近代以来,受工业化的影响,华北地区许多村落,特别是靠近城市和矿山的村落,其生产与交换活动纷纷卷进与国内和国外连接的市场体系当中,原有各项产业的商品化程度日益提升。北京西部农村的农民在土地耕作之余,除了进入工矿企业做短期工人之外,多在副业生产当中投入了更多的劳动力,以发挥本村原有副业生产在资源、技术和成本等方面的市场竞争能力,进而在区域市场中形成了以村落为主体的专业化生产模式,村落形成了一个集市体系中的合作和分工模式。

例如,房山区长沟镇流行的谚语"七贤村的篮子,沿村的筐,太合庄的小车一大帮",所反映的就是这种情况。长沟集是设在长沟镇长沟村的著名集市。长沟镇的东长沟村,有一座三义庙,据传建于明代,是为刘备、关羽、张飞而建的。附近的南正村建有清帝王拜谒西陵途中的第二座行宫,乾隆皇帝多次驻跸长沟留下吟咏。长沟集是个大集,据村里老人们回忆,清末民国时期,集市比现在还繁盛。集日,在号称东西十里的街面上,人山人海,粮食市、牲口市、鲜菜市、农具市等一应俱全,街上近 30 家商号也繁忙起来,其中最多的是粮行、布行、肉行等。商贾既有本地人,也有来自天津和山西、河北近畿各县的人。长沟村周边的几个村落受益于长沟的集市,形成了特有商品的生产。

以沿村的编筐为例,从清末以来,每一年大秋之后,人们便去山里采割荆条,经过泡、加工、磕杈等工序,将其编织成筐、篓、篮、筛等生产生活用具。妇女手劲小,一般不从事编织工作,只帮忙修剪枝杈,编织由男人完成。沿村周边的乡村也有零散的编筐艺人,但无论是编织的技艺、种类还是规模,都比不上沿村。截至中华人民共和国成立前夕,沿村有三分之二以上的家户从事编筐业,编织的种类有二三十种之多。沿村荆编以其精湛的技艺、齐全的种类,在房山、涿州一带享有盛名。沿村的荆编制品主要销往房山东南部平原和涿州北部一带。

沿村的编筐离不开村落所处的自然环境。拒马河的支流北泉水河流经村西,村人称"西河沿""西大河"。此河不仅为沿村稻地提供了灌溉之利,也为编筐的一道重要工序——浸泡荆条提供了条件。但是,沿村人以编筐为业,更离不开近代工业化的影响。清末和民国时期,房山地区矿业尤其是煤业和烧灰业的兴盛,带动了沿村荆编业的发展。荆编的"拉煤筐"是一种长方形的扁筐,需求量很大。此外,

1950年以前沿村还有不少的家户专门生产“端筐”(用手端起的筐,专供周口店一带的石灰窑使用)。

20世纪90年代初,沿村的编筐开始走下坡路,主要原因是塑料制品的冲击。现在年轻人中已没有人愿意学编筐,村中最小编筐人的年龄也都在50岁以上,沿村编筐的老手艺正处在即将失传的境地。可以看出,沿村人集体从事编筐这一行业,其主要动因是近代市场在供给与需求关系上发生的重要变化,也就是说,随着这一地区煤矿业、石灰业和运输业的兴盛,荆编的销售量曾经有一个迅速增长的时期。由于这个机遇,使得沿村人普遍从事荆编生产。沿村人普遍觉得编筐劳动很辛苦,上山割荆条,背回来,浸泡,削杈,到最后的编织,要花费很多时间。编筐又是脏活儿,从水里捞出的条子很臭,称为“臭条子”。但是多数的沿村人还是选择了编筐,觉得过这样的日子比较安稳。

村落劳作模式的调整与创新,并没有造成村落的松散化,村落的认同感反而得到了巩固和加强。对于沿村人来说,编筐也影响了村落共同的信仰。由于沿村人经常到北边的山上割荆条,所以他们认为山神可以保佑村民。正月初一早上,各山神会一起到村北的一个小山岗,献上整猪,举行向山神跪拜的祭礼。祭拜之后,各会到香头家聚餐,把用于献祭的那头猪吃掉。饭后,人们还要商量明年由谁来当香头。随着村落劳作模式的改变,一个面向山神顶礼膜拜的古老仪式也被开发出来。对此,我们可以解释为这是村民在以神秘的身体表演来深刻感受村落的共同利害。

改革开放以来,沿村人的劳作模式经历了从水稻作物种植到外出打工为主的变化,现在村落的土地已经整体流转给经济开发区。今后村民在日常生活中还能不能依托共同的体验,继续维系着村落的认同感,成为我们关心和研究的问题。

沿村的编筐,属于广义的民间手工艺,有一定技术含量,但是毋庸置疑,它的艺术个性或创新的余地有限,与那些艺术表现力比较强的地方民间手工艺如布艺、窗花等相比,它的实用性比较突出,不属于在交往生活当中用来精细表达情感和心愿的艺术性物品。不过,从介入和影响村落日常劳作、交换行为的角度来看,许多精美的手工艺品也与荆条筐一样,有可能成为市场化、规模化生产与销售的商品。我们发现,许多民间手工艺的制作目的已不只是满足村落生活的内在需求。它们作为商品也不仅依靠基层集市和地方市场,而且进入更广阔的市场网络当中。事实上,近年来,确有一些村庄选择了某种手工艺品制作的劳作模式。

总之,从个体和集体的劳作模式的角度来观察和理解一些民间手工艺的存在状态及其历史变化,是非常重要的一个研究方向。这一方向以日常生活的经验为依据，以与手工艺的劳作者进行交流为基本方法，能够看清楚他们在城乡社会发展过程中的行动方式，能够理解他们的行动具有哪些与以往不同的意义。

三、作为交往实践方式的手工艺

老百姓所说的手艺，包括两种：一是实用性手艺，用于高效和优质地生产消费品和工具；二是艺术性手艺，用于制作的精美艺术品，以作为交流情感的媒介和寄托。通常所说的民间手工艺，指的是后一种。这两种手艺相同的地方在于，它们都在改造物质的实践中最大限度地发挥人的主观能动性，使人的丰富感受与愿望得以具象化。但是艺术性手艺与人们的日常交往行为有着密切关联。

随着工业化和科技的普及，人们的劳作行为、消费行为和交往行为都在发生史无前例的变化。在这个变化中，许多传统的实用性手艺已经是日薄西山，逐渐被放弃。相对来说，尽管那些处在城乡文化交流关系中的艺术性手艺受到了乡土社会秩序松散化的影响，自身在亲属关系中交流的作用大大降低，在艺术的形态、情趣、品位等方面受到了时尚艺术品的挤压，但是这些压力并没有造成这些艺术性手艺的消失，这是由于怀旧和乡愁的消费需求大幅增长，人们对工业化生产出来的均质化艺术品逐渐厌烦，所以艺术性手艺就获得了新的文化市场，其处境与那些无用武之地的实用性手艺的处境形成了鲜明对比。

劳作模式与交往模式，往往一起发生变化。从表面看，中国农村生活的变化首先是劳作模式的变化，但是往深里看，亲属关系为纽带的日常交往关系也随之悄然变化。当下农村劳作模式的转变尤为普遍和剧烈，给村民日常交往模式所造成的影响也远远大于沿村编筐的那个年代。这种影响主要有以下表现：①土地转包，个体农户不再种地了，地由个别种植大户来种；②村民离开村落进入城市务工，如当保安员、保姆、清洁工等，或者经商，如卖菜，做小商品、服装生意等。所以，现在有相当多的村落只剩下老人，空心化了。年轻人只在过年时才回去看老人，这意味着这个村庄中亲属制度名义上的家庭结构还在，但是日常交流意义上的家庭结构却已经残缺不全了，这是村庄劳作模式的变化带给日常交流模式变化的一个普遍性情况。

由于城市发展的需要，修水库、建工业园区等工程建设的需要，以及扶贫的需要，一些村庄整体搬到新的地方去生活。他们搬到了新的地方，必须经历一个适应新环境的过程，劳作习惯、消费习惯、交流习惯等都要发生改变，他们与那里的村民也会发生一些矛盾、纠纷。这意味着村民合作关系、合作形式以及日常交往关系和形式都要发生变化。村庄整体移民虽然只是局部现象,但是需要给予特别的关注。

有一种比较普遍的情况,在城市不断扩展的建设中,一些临近城市的村庄被改造成城市区域。大量的城边村村民没有了土地,不再从事农业或副业,进入了城市的劳务市场。原来居住的自然聚落不见了,取而代之的是一片片人口稠密的居民区。村民出门所见的陌生人远远多于熟人,原有的熟人社会受到了巨大的冲击。

还有这样一种情况,一些村落发展起旅游业和观光农业。北京郊区就有许多这样的村庄,都变成了接待城里人的休闲旅游地。这些村庄,根据城里人对乡下的想象,设置一些农村特有的景观,如“小桥流水人家”之类,把自身做成了时髦的旅游产品。乡村旅游接待服务的兴起不完全是由于消费乡愁的需要,还有一个原因是城市里的人需要躲避城里的喧嚣和污染,要过来清静几天,呼吸几天新鲜空气。少数城里人干脆把远郊的农民住房长租下来,或变相购买下来,作为自己的乡村别墅。这样,城里人与农村人常年接触,服务与被服务的关系就成了一种新的生活常态现象。这些变化可以称为劳作模式与交往模式的共同转变,说明了当代农村的生活所发生的基础性变革。

我们所关心的民间手工艺,要放到以上城乡文化交流关系和家庭内外交流关系的改变中加以观察。总体来看,现在的民间手工艺品已经很少作为熟人社会中交流的礼物而使用了,更多是作为旅游产品或收藏品而使用。民间工艺品在艺术形态方面所发生的变化都与其用途的改变相关。民间手工艺的从业者也更加职业化。

最后,我再从艺术作为交流行为的角度,说明民间工艺在社会文化建构与发展的作用。我认为民间手工艺,与其他民间文艺一样,历来是连接乡下与城市文化之间的桥梁,是城乡民众之间情感交流的纽带。比如游走于城市和农村那些说书、唱戏艺人,他们经常在表演中把城里的最新信息带到乡下,也把乡下的富有泥土气息的审美情趣带进城里。如果不是一度受到城乡二元管理体制的限制,艺术与文化在城乡之间的循环往来是不会有所停顿的。这其实是由艺人领衔的城乡大众的文化交流实践,城乡大众作为民族文化传承、创新的主体文化地位正是在这一实践过程中得以彰显。

再以年画为例。年画的产地很有特点,苏州桃花坞、天津杨柳青、潍坊杨家埠、全在大城市的边上,这说明年画作为一种传统的文化产业,既需要背靠大城市,又需要面向广大农村腹地交易活跃的市场。所以,我们必须要从城乡交流的关系来理解年画流动的意义,年画不仅把城里的信息带到了乡下,而且使得城里人永远保留着乡下人的淳朴。比如天津杨柳青的年画,有一部分是具有文人画的风格和笔法的,这些画在其他离大城市比较远的地方是找不到的,说明城市人的文化情趣是不同于乡下人的。天津泥人张的泥人也是如此,做得比较精致,是为了满足城里面一些富贵人家的需求。相对地看,像河南淮阳的泥泥狗——也是泥人的一种,就做得比较拙朴,主要是供普通农民消费的。所以,手工艺品在城乡中有不同的消费群体,同时又将不同群体之间的文化联系起来,从而成为城与乡之间的文化桥梁。

一些民间手工艺品在日常生活中有礼物的属性。山东利津一带就流传着关于婴儿百日庆贺时送礼习俗的说法:“姑的鞋、姨的袜,老家舅舅给马褂”。在晋南的相似说法是“姑的鞋,姨的袜,姥姥的裤子长得大”“舅妈做,姥姥穿,外孙活到八十三”,在南京的土话中有“姑妈鞋,姨妈袜,舅母随嘴搭”。我在廊坊农村听过这样几句:“姑的鞋,姨的袜,姥姥给的哈喇褂儿。”这些民谣都说明,有一些民间手工艺品是农村日常交往中所必需的礼品。我们知道,民间用这些礼物的往来来反映亲属和其他社会关系的远近亲疏,也就是要通过一定的礼节来维持一定的社会秩序。可见民间手工艺的社会作用是不应该被忽视的。至于在节日庆典和祭祀的场合中,我们见到的画像、剪纸、纸扎、灯彩、面塑等民间手工艺品所具有的献礼的意义,需要给予专门的研究。见微知著,民间手工艺在中国人日常生活中担负有重要的文化使命,它们对日常生活时空的文化建构,对于礼乐文明传统的发扬光大,都有着“此时无声胜有声”的特殊作用。

总之,无论是在过去还是在现在,民间手工艺的日常生活属性都是非常明确的,我们对于这种属性的认识绝不可被一些新的文化话语冲淡。只有这样,我们才能保持文化清醒,并增强文化自觉。

图 3-2 刘铁梁教授现场讲座二

图 3-3 刘铁梁教授现场讲座三

图 3-4　刘铁梁教授现场讲座四

图 3-5　刘铁梁教授现场讲座五

图 3-6　刘铁梁教授现场讲座六

图 3-7　合影

第四章　中国的非遗传承与发展

主讲人:李治邦

主持人:马知遥

图片拍摄:天津大学研培团队

文字整理:高珊

讲座时间与地点:2019 年 7 月 18 日　天津大学国际教育学院留园

图 4-1　李治邦教授现场讲座一

主讲嘉宾:李治邦,男, 1953 年 5 月出生于天津,河北省安平县人。文化和旅游部优秀专家,天津非遗保护协会会长,研究馆员。1977 年开始发表作品,已出版长篇小说《逃出孤独》《城市猎人》两部,中篇小说六十多部,短篇小说一百多篇。与人合作的电视连续剧《苍茫》获中宣部“五个一工程奖”,话剧《希望之星》获文化部“群星奖”银奖,广播剧《咱们工人》获全国广播剧“政府奖”银奖。中国作家协会会员。

本文整理者:高珊,女,天津大学汉语国际教育硕士,研究方向为非物质文化遗产。

文化遗产从存在形态上分为物质文化遗产和非物质文化遗产，其中，非物质文化遗产是中国传统文化中非常重要的组成部分，然而在中国未得到足够的重视。如今，非物质文化遗产保护已经进入了一个新时期，非遗的传承也应在保持传统特点的基础上不断创新发扬。

2003年，国家成立了非遗的正式机构和组织，我当时在天津市群众艺术馆工作，作为国家第一批的非遗组成员，有幸见证了中国非遗保护工作的发展。

一、非物质文化遗产概念

日本、韩国、英国、西班牙、葡萄牙、法国等国家称非物质文化遗产为活态文化。所以很多国外研究非遗的人，对中国的非物质文化遗产名称特别不理解，其实非遗是一个极为聪明的解释。至今很多人还分辨不清非物质文化遗产跟物质文化遗产。故宫是我们造的，长城是我们修的，这些叫作文化遗产。云南的石林等，这些自然形成的叫作自然文化遗产。非物质文化遗产是活态的，是人们看不见、摸不着的。有人会说我们的苏绣、蜀绣、湘绣、粤绣看得见摸得着，怎么也是非遗呢？我们要清楚，苏绣、蜀绣、湘绣、粤绣，绣的技艺才是非物质文化遗产。还有人说天津的狗不理包子也看得见，但也是非物质文化遗产。这里需要厘清，包子本身不是非物质化遗产，包子的制作技艺才是非物质文化遗产。还有像今天在座的很多人都在做木雕，木雕本身不是非物质文化遗产，木雕的制作技艺才是非物质文化遗产。

二、非物质文化遗产发展的历程

我们国家扶持非物质文化遗产发展有一个艰苦的过程，在很长一段时间里，人们对非遗的认知都处在一个模糊的状态。我记得特别清楚，2005年，我们鼓励狗不理包子申报天津市非物质文化遗产项目，我去找狗不理包子当时的老板，希望他能够申报天津市非物质文化遗产项目，因为狗不理包子在全国都很有名。狗不理包子的老板看看我笑一笑问："跟我说实话，你实际上是想干什么？"他认为我让他申报非物质文化遗产项目是想跟他要钱。他问我说这次赞助需要多少钱？我听后特别生气，我说我不向你要钱，你不要认为凡是找你来的都是找你要钱的，我让你申报非物质文化遗产项目，是因为狗不理包子符合申报条件。现在狗不理包子是国家级非遗项目，他见了我都躲着走。

现在国家大力发展非遗，每年文化和旅游部以及财政部给非遗的投入高达几百亿元。天津非遗传承人已经达到2万人，很可能马上就到3万。国家对非遗保护基地的补贴经费也非常多。国家对非遗非常重视,是因为非遗是中华传统优秀文化的结晶。

三、非物质文化遗产分类

我们不仅要知道非遗有哪几类,还要清楚我们手工艺制作是哪一类。非遗分类中,第一类是民间传说,比如孟姜女的传说、梁山伯与祝英台的传说,姜太公钓鱼的传说。第二类是民间音乐,山西的民歌、湖南的民歌等都属于民间音乐。第三类是民间舞蹈。第四类是传统戏剧,比如昆曲、晋剧、秦腔、京剧、豫剧。第五类是曲艺。第六类是杂技。第七类是民间美术,如天津杨柳青年画、江苏桃花坞年画,山西剪纸、陕西剪纸、甘肃剪纸,河南剪纸、山东剪纸……第八类就是咱们今天在座各位从事的——民间传统手工艺制作。第九类是传统中医药,包括膏药、针灸等。第十类是民俗,春节、中秋节等都属于民俗。

四、非物质文化遗产国内外发展差异

国内很少有非遗专家研究国外非遗。我们在很多方面跟其他国家认知不一样。

1. 日本

中国第一批人类非物质文化遗产项目只有江苏昆山的昆曲。当时媒体并未对昆曲成为人类非物质文化遗产项目大肆报道。同一年,日本的一个非遗项目也成功申报为联合国科教文组织,日本是哪个项目呢?傩。高仓健主演的电影《千里走单骑》,描绘的就是傩,傩成为联合国科教文组织以后,日本在新闻中和报纸上进行了连篇累牍的报道。对日本来说,这是一件特别光荣和骄傲的事情。对比我们对非遗申报成功的宣传重视程度,我们确实对传统文化的重视不足。

2. 意大利

意大利那不勒斯曾经申报比萨为人类非遗项目,当时也有很多国家申报比萨,但最后只有意大利那不勒斯比萨申报成功。在那不勒斯的时候,我随便找了一家比萨店想尝尝那里的比萨。进了一家比萨店后,那里的人做比萨就像要杂技一样,还有人在唱《我的太阳》和《桑塔露琪亚》,他们用歌声将文化、娱乐、表演和美食结合在一起,然后把做好的比萨捧到我们面前。我们用刀子切比萨,比萨特别薄,里面都是海鲜,焦黄焦黄的,特别好吃。餐厅的人说意大利那不勒斯比萨申报成功之后,那不勒斯举城欢庆,人们不分民族,不分宗派,有的在踢球,有的手拉手在那里唱跳。我听完之后很感慨，我们中国天津的妈祖信仰也是人类非物质文化遗产项目，但当时妈祖申报成功的新闻登上报纸之后，我们却熟视无睹。我们很多时候不把我们民族的事情当回事。非遗并不只是几个人的事情，非遗是我们大家的事情，是整个民族的事情，中国对非遗目前的重视程度还不够。

五、非遗发展出现的问题

非遗在发展过程中出现了两个问题。

（1）编故事。现在非遗项目由冷变热，出现了为了申报非遗而编故事的现象。有的人说自己是第四代传承人，但却对前三代的传承人一无所知。还有人总爱用名人故居编故事，说乾隆来过这里，钱锺书也说这里真好，等等。

（2）编流程。比如在做面塑时，在申报文案中一定要详细说明手工艺的制作流程，比如原料的选择、和面的方法、颜色的勾兑、颜色的保持方法。还要说明捏面塑的方法以及捏面塑和捏泥人的区别等。文案中所有工艺的手法特点都一样也是不行的，一定是大体相同而略有不同，好比我捏面塑跟你捏面塑有的地方是不太一样的，比如你用刀胚子去制作这个部位，我可能用其他工具制作。描述如果都一样，就可能是编造的。手工艺制作步骤的描述特别关键，我们很多手工制作，特别是面塑制作缺乏对工具的描述，在做完面塑后要把工具拍下来。面塑工具起码需要七八样，主要工具和辅助工具都要区分清楚。捏完了面塑之后，固定和保鲜的方法也要明确。即使捏同一个人物，写出的文案也要和其他人不一样。现在非遗项目评选过程中有一条要求是该项目必须在本地有重大影响力。影响就是和别人的不同，这就不能编故事，不能没有流程。

六、申报非遗过程中需要重视的问题

我今天想让大家明白，我们以后申报非遗的报告中一定要注重流程，即制作的工具要写清楚，传承谱系要明确，等等。我们还需要在万变不离其宗的基础上创新发展。比如杨氏太极是在陈氏太极拳的基础上发展起来的，陈氏太极拳的动作比较硬朗，杨氏太极的动作风格比较柔和，后来杨氏太极普及开来。另外，有些人在申报过程中注重文案，却忽视了视频拍摄，现在国家级申报非遗项目要准备七分钟的申报片。我是全国非遗申报项目的评委，我看了很多项目的申报视频，有些项目很好，但视频却拍得不过关。比如湖北大鼓的申报片只讲了大鼓的传承和理论等，并没有湖北大鼓表演，所有评委都认为是由于传承人不会唱，后来我才知道其实传承人唱得好极了。

你们拍做根雕、做面塑的视频的时候，有几个环节一定要特别清楚。①传承关系，视频一定要有历代传承人的照片，要把传承关系讲明白。②项目的历史渊源，比如这个面塑是什么时候诞生的，为什么会出现面塑，面塑是怎么来的。

我在天津有一个姓宋的朋友。我问他，是不是所有的竹子都能成为你用的原材料？他说不是的。我这个竹子来自广西，我专门在那儿买了一片竹林，只有用那片竹林的竹子才能做担子。我就跟他讲，宋老弟，你申报的文案里就没有陈述你在哪里取竹子，取竹子的过程，为什么要选广西的竹子不选别的竹子，其中的原因都要写出来。技术活儿写得越精，专业评委们越感到你的技艺是真材实料的。国家级非遗评委没有专门研究面塑、根雕和民间美术的，我们需要传承人专业化，而不是专业模糊化。还有就是要明确你的代表作品。你的作品是什么？你的代表作品在当地甚至全国有什么影响？这些都要清楚。

我曾经听过天津面塑工艺大师王玓跟我讲，有人跟她说过一句话，说你们捏面塑的都是农民，我就特别生气，捏面塑的人都很心灵手巧，文化程度特别高。捏面塑跟捏泥人、做音乐本质上是一样的。面塑捏完之后要保持多年不发生改变，这里有什么奥秘吗？为什么面不裂呢？为什么上面的颜色不掉呢？这些都是艺术。

我觉得我们要特别珍惜天津大学研培班在全国产生的影响，珍惜你们的师资力量。我们现在在天津办了三个班，一个是天津大学研培班，一个是天津师范大学的高级项目班，还有一个是在天津艺术职业学院办的一个曲艺班，你们这个班从传授的知识量跟师资量方面来说在全国都可能是最好的。我们这一代人已经到了一个必须深造的阶段，中国非物质文化遗产传承人已经到了更新换代的一代。年轻的二三十岁的人是传承非物质文化遗产的中坚力量。这一代人是更新换代的一代，起承转合的一代，中国非遗手工艺制作的命运就在你们每一个人身上。

七、非物质文化遗产的传承

我们要传承非物质文化遗产，而不是颠覆。所有手工艺制作都来自传承，这是不能变的，所以传承关系是很重要的，不能有任何动摇。我们忌讳颠覆，鼓励发展，创新是在传统的基础上发展和创新。拿杨柳青年画来说，我认为年画的内容应该是与时俱进的，我们这一代人需要在传统的基础上进行创新，树立自己的形象，发挥自己的带头作用。我们这一代人必须要有自己的代表作。不能一提就说这是我师傅做的，要看自己有没有作品。在我心目中做面塑的必须有 100 件左右的作品。

根雕也是一样，只有通过数量的积累才能做出高质量的作品。我不主张十年磨一剑，因为我们最终要面向市场，市场上卖不到钱，一切都是虚的。光靠政府的表彰、鼓励和补贴是不够的。

现在我们有一句话叫“见人见物见生活”，什么是生活？市场！我们要把眼光放远，传承中华传统文化要有战略。以故宫为例，故宫把口红当成非遗作品，一般人是想不到的，可是口红的颜料就是非遗的一个项目，他把非物质文化的一种颜料做成口红，非常有吸引力。再一个就是陕西的华阴老腔，那可是地道的非遗项目，有年春晚，唱华阴老腔的人跟谭维维合作唱歌，一个是摇滚，一个是华阴老腔。正因为华阴老腔跟谭维维的合作，让很多人知道陕西有华阴老腔。我们要在新时代中让 80 后、85 后、90 后、95 后甚至 00 后喜欢我们呢，因为真正的购买力其实大都源于他们。

第五章　非物质文化遗产保护的规范与创新问题①

主讲人:宋俊华

主持人:马知遥

图片拍摄:天津大学研培团队

文字整理:常国毅

讲座时间与地点:2019年7月21日　天津大学国际教育学院留园

图5-1　宋俊华教授现场讲座一

主讲嘉宾:宋俊华,中山大学中文系教授、博士生导师,教育部人文社会科学重点研究基地中山大学中国非物质文化遗产研究中心主任,《文化遗产》主编、国家社科基金重大项目首席专家。

本文整理者:常国毅,天津大学教育学院在读研究生,研究方向为:民俗学、非物质文化遗产。

① 此文是2019年7月21日,宋俊华教授在"天津大学2019年非物质文化遗产传承人培训班"上的讲座内容,整理者忠于宋教授原意,部分有删改。

随着非物质文化遗产保护工作的逐步开展，越来越多的人员参与其中，这是一个可喜的现象。如果对非物质文化遗产保护的概念不理解，保护工作的开展就会失去针对性和有效性；非物质文化遗产保护缺乏规范，就会导致各方人员的职责不清，传承人的权益得不到保护，非物质文化遗产事业也无法长期而稳定地进行下去；非物质文化遗产保护不进行创新，或者创新不合理，也会导致非物质文化遗产保护与时代脱离，失去生命力。基于非物质文化遗产保护中突出的问题，宋俊华教授认为非物质文化遗产保护的概念理解关键在于对其生命力的阐释和把握；非物质文化遗产保护的规范问题必须做到有据可依、有法可依，在了解现有规范的基础上，不断在实践中获得完善。创新是非物质文化遗产发展的本质要求，也是适应时代发展的必然选择，但创新不是盲目改变，应该把握其特点，了解相关趋势，从而制定出合理有效的创新对策。

中国全面启动非物质文化遗产保护是在 2005 年。各界人员对非物质文化遗产保护的认识经历了从不理解到理解，再到热衷参与的过程。在这个认识提高的过程中，非物质文化遗产保护也遇到了突出的问题——规范与创新问题。非物质文化遗产保护的规范从联合国教科文组织再到中国，是一个从上到下再到基层的推进过程，这使得很多机构、企业、人员会加入非物质文化遗产事业，所以我们需要规范，来使非物质文化遗产保护成为可长期的、稳定的、可持续的工作。此外，着眼于当下，关于非物质文化遗产保护需要创新在学术界已经达成了共识，但仍然还有部分学者和传承人认为非物质文化遗产保护是不能创新的，必须保持“原汁原味”。所以，对于非物质文化遗产保护的创新问题有必要进行探讨，以提高社会对非物质文化遗产保护创新的认识。需要注意的是，非物质文化遗产保护的创新和规范问题是相联系的，需要结合在一起探讨。

一、非物质文化遗产保护的概念理解

对非物质文化遗产保护的理解不能局限于所传承的具体项目，视野要放大，宏观的认识具备后，再聚焦微观的问题就能看得更清晰。我们首先应该了解到《保护非物质文化遗产公约》是目前进行非物质文化遗产保护工作的根本依据，对非物质文化遗产保护做出了比较权威的解释。传承人也应该对国际社会关于非物质文化遗产保护的阐释有所了解——非物质文化遗产保护是“采取措施，保护非物质文化遗产的生命力”。比如保护木雕就是保护其生命力，保护面塑就是保护面塑的生命力，保护京剧也就是保护京剧的生命力，看似很简单，但实质上并不简单。这涉及我们怎么理解非物质文化遗产的生命力。举个例子,木雕的生命力是什么?怎么让木雕这种传统技艺活得好?一方面在于要有社会需求,木雕的实用功能可以从物质和精神两方面满足百姓需求,不仅仅作为物品用在建筑、寺庙、祠堂和家具方面,它的一些图案,比如花鸟、纹路、瑞兽、神灵等,其实也在表达人们对美好生活的追求,这是精神层面的需求。另一方面,非物质文化遗产是需要代代传承的,其生命力涉及师傅和徒弟的教学活动质量,即师傅能不能很好地教徒弟、会不会教,徒弟有没有悟性、愿不愿意学、会不会学等。在广东就有一个师傅的手艺很好,但是,他不知道怎么教徒弟。徒弟悟性高的话,看着做也能学会,如果悟性不高,便找不到窍门。归根结底,要保障非物质文化遗产的生命力首先应该是让非物质文化遗产"活着",然后创造条件让它更好。非物质文化遗产生命力还表现在传统知识、传统技艺、传统艺术、传统民俗和传统的精神生命力上,对于一些非物质文化遗产来说,它的生命力就是在于精神的代代相传。比如,二十四节气不是一种技艺,而是一种传统知识,这是中国老百姓长期积累下来的对自然的认识,它过去有用,现在依然有用,这就是有生命力的。传统技艺和艺术服务于人们的生活方式,比如传统木雕、面塑以及刺绣等,适应当代人的需求并代代流传,也就有了生命力。此外,每个地方都有当地流行的民间艺术,如戏剧、音乐、舞蹈等,有的艺术在今天不大受欢迎了,它的生命力其实是在衰弱的,如何看待这类非物质文化遗产是需要进一步探讨的。再如祭祀北帝或者妈祖这类祭祀神灵的活动,又怎么去确保它的生命力?其实祭祀神灵的民俗,其生命力重在传承一种精神追求,与老百姓对美好生活的向往息息相关。

非物质文化遗产生命力虽然涉及很多因素,但实质上以创新力、传承力和传播力为主,其中创新力是核心。因为创新力是非物质文化遗产传承适应环境变化对非物质文化遗产主动发展的能力,如果一个非物质文化遗产传承人不主动发展,不主动适应社会而进行创新发展的话,就很难在现代生活中生存。不管是手工技艺的、传统舞蹈的还是中医药之类的非物质文化遗产,没有一个从其产生到现在没有进行过创新。比如做木雕的过去是做传统建筑上的木雕,但现在大多数楼房都变成水泥结构了,传统建筑木雕的生命力会越来越弱,那么这个时候就需要做出改变,可以考虑在现代的建筑中增加一些木雕元素,或者把建筑木雕变成现代老百姓的家具、装饰以及工艺品。传承力是非物质文化遗产传承者代际互动交流的能力。要带出一个好徒弟,师傅不仅要自己有技艺和窍门,还要懂得如何表达,把自己所掌握的东西有效地传授给徒弟。所以,《中国非物质文化遗产传承人群研修研习培训计划实施方案》的实施，可以让传承人拓眼界、长知识，了解社会发展动态，并有效地把所掌握的知识传授给徒弟。非物质文化遗产传播力是非物质文化遗产在不同文化间交流的能力。在今天这个社会里面，非物质文化遗产传承人已经不再是过去那样“闭门造车”“老死不相往来”的状态了，过去的传播是靠地区化的“口碑”，而手机时代、互联网时代传承人应该借助新的媒介传播非物质文化遗产，让更多人了解非物质文化遗产，人们的了解和喜爱会增强传承人的信心和自豪感。广州有一位做广绣的师傅，他对国外的市场很了解，而且能根据国外的需求制作相应的广绣产品，产品销售得好信心自然也就倍增。创新力、传承力和传播力如同齿轮一般，相互推动与促进，在发挥各自功能的同时，彼此连成一个系统，共同构建非物质文化遗产的生命力。

我们保护的是非物质文化遗产的生命力，而生命力又体现在不同方面。具体来说非物质文化遗产保护的内容大体可以归纳为五类内容。①知识：节气知识，医药知识等。②技艺：刺绣技艺，烹饪技艺等。③艺术：舞蹈艺术，戏剧艺术等。④民俗：节日民俗，艺术民俗等，比如端午节。⑤精神：天人合一，崇宗敬祖等，比如祭祀祖先、神灵，歌颂民族历史英雄，等等。但这五类内容不是孤立呈现的，彼此是有联系的，只能说某类非物质文化遗产的侧重点不同。比如，木雕偏重技艺，但是也有知识、民俗和精神。龙舟比赛可能被归为传统体育竞赛，但是其内容实质是一种民俗和精神。

二、非物质文化遗产保护的规范问题

非物质文化遗产保护是一个比较系统化的工作，因此有必要进行规范，制定非物质文化遗产保护的规范（主要包括法规和伦理等）来保证工作的有效开展。非物质文化遗产保护的规范从联合国教科文组织到中国目前主要有以下几个：《保护世界文化和自然遗产公约》（1972）、《保护民间创作建议案》（1989）、《人类口头与非物质文化遗产代表作条例》（1998）、《世界文化多样性宣言》（2001）、《保护非物质文化遗产公约》（2003）、《保护和促进文化表现形式多样性公约》（2005）、《非物质文化遗产保护理论原则》（2015）、《履行〈保护非物质文化遗产公约〉操作指南》（2016）、《中华人民共和国文物保护法》（1982 年制定，1991、2002、2007、2013 年修订）、《中华人民共和国商标法》（1982 年制定，1993、2001、2013 年修订）、《中华人民共和国著作权法》（1990 年制定，2001、2010、2011 年修订）、《传统工艺美术保护条例》（1997）、《中华人民共和国非物质文化遗产法》（2011）、《国家级文化生态保护区建设管理办法》(2018)。这其中有些是与保护非物质文化遗产有直接联系的,有些是间接和非物质文化遗产保护有联系的。我们在进行非物质文化遗产保护工作时,有必要了解这些规范。传承人在实际工作中遇到问题时,可以用这些文件来维护自己的权益。目前,我们把非物质文化遗产保护的相关规范分为两类,一类是法规,一类是伦理。伦理不像法规那样具有强制性,法规是必须遵守的。

图 5-2 宋俊华教授现场讲座二

联合国教科文组织发布的《保护世界文化和自然遗产公约》(1972)和《保护非物质文化遗产公约》(2003),其实都是为《保护和促进文化表现形式多样性公约》(2005)服务的,无论是保护世界遗产还是保护非物质文化遗产,核心目的都是保护文化多样性,而保护文化多样性实质上保护了每种文化持有人的基本权益。2015年通过的《保护非物质文化遗产伦理原则》(12条),是对《保护和促进文化表现形式多样性公约》、《履行〈保护非物质文化遗产公约〉操作指南》和各国立法框架的补充,旨在作为制定适合当地和部门情况的具体伦理准则和工具的基础,核心是确保"社区、群体或有关个人在非物质文化遗产保护中的权益",简单来说就是确保传承人群的利益。社区、群体或有关个人是保护工作的主体,保护的关键在于传承人群,国家和外来者的保护必须通过传承人群才能实现,但前提是传承人的活动要合法。

当然,非物质文化遗产规范在实施中也会存在问题,主要表现为和一些现行的法规相冲突。这种矛盾可能会越来越突出,因为一方面非物质文化遗产保护日益深入人心，老百姓对非物质文化遗产的认识逐步加深，另一方面由于非物质文化遗产越来越受到重视，所带来的社会效应和经济效应会越来越大。

在非物质文化遗产保护中还会有很多的规范问题。第一，非物质文化遗产保护与传承人认定关系（未认定为传承人的传承权益保护、传承人的评选标准和退出机制）的法律问题。国家文旅部现在也正在做传承人认定、评选机制的修订。第二，非物质文化遗产整体性保护（文化生态区建设）与人的发展权（自我选择生活方式权、生活被改善的权利）的关系问题。国家现在建立了21个国家级“文化生态保护区”，可能有的传承人就属于某个保护区，因为每种非物质文化遗产都有它的生存环境，只有把它及其所处环境整体保护起来，才能让其更好地生存，但也会遇到问题，比如有的传承人说“我要发展，我有自己的选择，我想要去经济更好的地方”，这就涉及非物质文化遗产的整体保护与老百姓的自我选择问题。第三，非物质文化遗产的跨区申报、传承与保护的法律问题（境外的、外地非物质文化遗产项目如何保护问题）。比如就先行法规来说，一位河南人到天津落足了，他能不能在天津被评为传承人？能不能得到天津的非物质文化遗产保护资金支持？一般情况下，是不可以的。第四，非物质文化遗产保护的标准化、规范化与个性创造的关系问题。非物质文化遗产工作要很快推进需要一个标准，门槛太低，很多人就会涌入进来把行业弄乱，门槛太高可能就会限制每个人的发挥。这说明，首先传承人在进行非物质文化遗产活动的时候要遵纪守法；其次国家相关法律仍需要不断完善，协调好各方关系，明确职责。

三、非物质文化遗产保护的创新问题

因为对非物质文化遗产保护进行创新是有依据的，如联合国教科文组织公布的《保护非物质文化遗产公约》、由中华人民共和国第十一届全国人民代表大会常务委员会第十九次会议通过的《中华人民共和国非物质文化遗产法》、国务院发布的《关于大力推进大众创业万众创新若干政策措施的意见》以及国务院办公厅转发的文化部、国家发展改革委、财政部、国家文物局等部门《关于推动文化文物单位文化创意产品开发的若干意见》。此外，从个人的创作实践中也会体会到非物质文化遗产创新的必要性。

可为什么到现在还有人认为非物质文化遗产不能创新呢？因为很多人把非物质文化遗产等同于物质文化遗产。“遗产”这个概念最初是从物质文化遗产提出来的，但物质文化遗产中的“遗产”与非物质文化遗产中的“遗产”是不同的。物质文化遗产是不变的。很多人将旧的"遗产"概念套在的非物质文化遗产身上自然就会得出遗产是不能变的错误观念。

非物质文化遗产保护和创新可归纳为以下四个特点。①适应性:因人而异,与时俱进,是非物质文化遗产的本质要求。每一个非物质文化遗产项目都是由人来传承的,不同的人对非物质文化遗产的理解不同,做出的非物质文化遗产也就不同,而每种活的文化之所以能活着,是因为能随着时代的发展而发展。②功利性:满足人的物质和精神需求,是价值体现。不必害怕谈非物质文化遗产的功利性,非物质文化遗产本身就是带有功利性的,我们关注非物质文化遗产,也关注其价值意义,要么满足物质需求,要么满足精神需求。③多元性:基于实践工具、技能、形式、过程、结果;基于物质需求和精神需求;基于非物质文化遗产自身的创新创造。非物质文化遗产的创新在每个实践环节都可以创新,而不仅仅局限于产品创新、结果创新,技能可以创新,形式、过程和工具也可以创新。④人本性:以人为本,非物质文化遗产主体要求,非物质文化遗产创新也要尊重传承人群的主体性。非物质文化遗产虽然可以创新,但也不是随意创新,判断创新合理的关键是以人为本,归根到底是以非物质文化遗产的直接持有人、所在社区的传承人群和有关个人为本。我曾经去过美国一个少数民族部落,当地高速公路上有个马车的标志,我当时很奇怪就问"难道这高速公路上可以有马车行驶吗?"同行的美国人就说当地有一个少数民族部落一直保持着原始的生活方式,不用电、不用电话、不用电视,自给自足。当城市化建设扩及他们附近的时候,他们就搬到远离城市更远的地方。我也曾问过部落的人:"你们这种生活方式下年轻人怎么办呢? 年轻人喜欢这种生活方式吗?"部落的人告诉我:"年轻人在18岁的时候可以出去体验现代生活,一年后决定是留在村子还是离开村子。"经过统计他们发现大多数年轻人都会选择留下。所以,这是他们自己的选择,要不要创新是他们的意愿,当地政府也没有权利强行干预他们。又比如说我国的陕西窑洞改造,当地人有的愿意留下,有的不愿意留下,这都要充分尊重他们的意见,让他们自己选择。

创新其实是相对的,没有什么绝对的创新。创新是相对环境而言的——有时环境变了你变了是创新,有时环境没变你变了是创新,有时环境变了你没变也是创新。瑞士有个餐馆看着很普通,但生意十分火爆。其在现代经营背景下却不开分店,每天也只做规定数量的菜品,并且坚持用传统的做法制作菜品,同样十分吸引人,充满生命力。再看我国的昆曲,昆曲在申报世界非物质文化遗产之前,已经日渐衰落,但是它遵循时代发展的规律,从理念和形式进行创新,在海内外演出后掀起了昆曲热。

回归非物质文化遗产的发展历程和历史脉络，非物质文化遗产的创新是有趋势的。首先是本生功能创新向衍生功能创新的转变；其次是实践结果创新向非物质文化遗产实践过程创新转变；再次是自身创新向科技创新转变；最后是从领导、垂直式创新向追随、水平式创新转变。现在非物质文化遗产创新不能局限在某个品牌或者某个项目，而应面向整个社会。

此外，非物质文化遗产的经营创新也是一个重要的方面。比如，“九江双燕”企业（一个米酒企业）把非物质文化遗产保护与分类经营相结合，形成金字塔式的企业经营模式，坚持传统手工技艺与现代科技相结合，高端需求与普通需求相结合的经营模式，实现了遗产保护与企业经营的共赢。他们目前还建立了博物馆向外界宣传自己的非物质文化遗产项目，宣传自己的企业文化，让游客能进行切身体验，提升了附加值与知名度，还产生了他们的另一种经营模式——旅游消费。具体来看，其金字塔式兼容性产品结构从顶端到底层分为：特种产品（完全传统的手工艺）、高档产品（以传统型生产为基础辅助现代设备生产）、中档产品（使用工业生产模式为基础渗透传统制作工艺，是盈利最大的产品）、经济型产品（使用工业生产形式生产以获得规模效应）。其中，传统化模式走低销量、高增值路线，工业化模式走高销量、低增值路线。这个经验模式对我们的非物质文化遗产保护和创新是有借鉴意义的，在社会的发展过程中，每种非物质文化遗产在传统与现代之间都会有一个空档期。比如木雕，有的艺人之所以能成为木雕大师或者传承人，是因为他过去做得好，如果过去做得不好是评不上的，而过去做得好是因为把从师傅那里学过来的传统样式做出色了，但是之于现代，其要适应现代生活，就需要一种转化，转化的时候如果把过去扔掉了，那他和一个新的木雕艺人又有什么区别呢？因此，不能完全把过去扔掉，又不得不做转化。做木雕也需要产品的分类，如果不做传统的木雕，会丢失原来的忠实顾客，然而新的顾客群体还未能建立起来，发展就会遇到困境。所以，发展是一个新旧交替、转化的过程，要创新可以二者兼顾，抓住稳态的传统并放眼流变的现代生活，慢慢过渡。

针对非物质文化遗产创新的对策也应该要突出四个特性：“活态性”“新颖性”“科学性”“时代性”。粤剧在过去也是很善于创新的，有了电灯以后戏班进行了创新，不光戏台布满电灯，演员身上也挂着电灯，演员上台的时候场内先是一暗，然后灯泡突然亮在观众面前。我们应该好好研究非物质文化遗产的发展规律与特色，探索合适的创新途径，不能随意改造，要关注时代的发展。时代不同，人们对非物质文化遗产的需求也不同。同时,我们还要遵守《保护非物质文化遗产公约》《保护非物质文化遗产伦理原则》《中华人民共和国非物质文化遗产法》,坚持"保护优先""见人见物见生活"理念。

四、结语

非物质文化遗产保护应该确定有序、有效的规范体系,使这一工作能够适应非物质文化遗产代代传承的性质而获得长期的生命力,同时规范性的文件是需要不断完善的,只有这样才能为非物质文化遗产保护工作提供正确的引导。保护不能静态地维持现状,而要与时俱进不断创新,这是事物发展的客观规律。创新也是有特点和趋势的,创新既不等于全部创新,也不能局限在经济创新和产品创新上,合理的创新能使非物质文化遗产获得更长远的发展。

图 5-3　宋俊华教授现场讲座三

图 5-4　宋俊华教授现场讲座四

图 5-5　宋俊华教授现场讲座五

图 5-6　宋俊华教授现场讲座六

第六章　非遗保护的核心概念和突出问题

主讲人：邱春林

主持人：马知遥

图片拍摄：天津大学非遗研培团队

文字整理：吴建垲

访谈时间与地点：2019 年 7 月 20 日　天津大学国际教育学院留园

图 6-1　邱春林教授现场讲座一

主讲嘉宾：邱春林，中国艺术研究院工艺美术研究所所长、研究生院设计系导师，紫砂研究院院长、研究员、博士生导师；研究方向涉及文艺理论、中西美术比较、设计艺术史论、非物质文化遗产保护等学术领域。

本文整理者：吴建垲，天津大学在读研究生，研究方向为民俗学、非物质文化遗产。

一、社会分层、文化多样性和文化传统

(一)社会分层

对于社会分层,我想在座的都能意识到,在过去的时代,社会分层更清楚。古代叫士农工商,实际上在中华人民共和国成立以后也是士农工商,但是顺序有些变化。工人阶级是老大哥,农民阶级是可靠的阶级力量,士排在第三位,商业排在第四位。那今天这个时代有没有大的社会分层呢?今天社会分层跟收入、教育,尤其跟教育很有关系,教育是社会分层重要的考量因素。另外,文化也是社会分层一个很重要的因素。

大家有没有注意,你们在座的人是凭什么进到天津大学学习的?是文化,你们是文化人,你们是凭着文化进入天津大学的。为什么呢?因为天津大学需要你们,你们也需要天津大学,国家需要你们这个文化,你们也需要国家扶持,因为文化的力量在今天这个时代变得特别重要。那么你们所拥有的文化是属于什么性质的文化呢?民间文化。民间文化是一个学术词汇,民间文化对应的是宫廷文化,对吧?现在宫廷文化没有了,那就对应着官方文化,官方的文化就是意识形态,官方发布的都是红头文件,包括制度、法律以及行为准则,这都属于意识形态范畴。此外,还有学院式文化,也叫学术文化。你们从民间进入到高校来接受学术文化,所以你看,文化它也分层。古代社会这个叫作小文化传统,那时候整个精英文化是大文化,精英文化就是我们现在讲的国学,它包括经史子集的传承和解释,另外还有经学传统,礼、乐、典章制度。它还包括文学、戏曲、游艺这些内容。民间这块一直就是小文化传统,那在中国古代社会,统治阶级是怎么了解民情呢?是靠采风,每一年派官员到民间去听小孩子唱什么俚曲、歌谣,收集起来就是了解民间疾苦,了解民间动向。官方统治者去采风,当然也能够反映老百姓思想感情的部分内容,于是就出现了属于民间的诗词,有了《诗经》,《诗经》中的“国风”这部分就是描写民间文化的。所以尽管大文化传统与小文化传统是相对隔离的,二者又能够通过各种通道进行沟通。在今天这个时代,文化的力量越来越强大,文化不分大小,不分精英和民间,不分学院还是田野,这些文化的本质都是一样的,文化的价值也是一样的。所以在今天,由于文化因素的介入,虽然社会分层分得很细致,但是各种层次之间也存在高度关联性。这个时代是一个非常开放的时代,大家要感恩这个时代,如果没有这么一个开放的时代,形成对文化如此重视的观念,大家是不会坐到这来的,我们也不会来做文化上的交流,大学的研究生不会跟在大家后面去记录你们的

言语、行为。

（二）文化多样性

文化多样性跟文化分层也有关系，如果文化成为单一性的文化，那多样性就会被扼杀，所以非遗保护也要保护民间文化的地方特色。如果地方特色完全被学院文化同质化，那这也跟非遗保护的宗旨背道而驰。文化多样性是特别重要的。对大家来说，文化多样性可能只是说你做核雕，我做橄榄雕，好像材料不一样就是不同的文化类型；或者说你做东阳木雕，我做的是云南剑川木雕，而且风格上还不一样，这叫文化多样性，这个是看得见的文化多样性，还有不被注意的文化多元性。文化多样性除了表现为艺术形式的多样性之外，还表现为生产方式的多样性，联合国是这么认定文化多样性的。就是说你可能采用半机械化半手工的制作方式，但我采用纯手工的制作方式，我就跟你不一样，这就是文化多样性。现在还有用电脑打印技术来辅助手工制作的，这也是多样性。还有呢，你用的是天然的原材料，我用的恰恰不是天然原材料，但是我做的是手工艺，这也是文化多样性。举个例子，有一年我在北京的法国文化中心，跟法国国立手工艺研究院的副院长交流。他放的图片全是他们学院老师做的手工艺作品。我问他们这些手工艺怎么都不用天然的原材料呢？我们中国界定手工艺的话，第一条就是要用天然原材料，离开这个我们就不承认。他说这就是他们法国手工艺，法国手工艺从来就是这样的。我问他们有没有遇到一个现代性的问题吗，就是传统怎么向现代转换。他说没有啊，越是现代化的产品越是欧洲文化里面长出来的，他们不存在传统与现代的冲突。我说他这个回答太妙了。我们始终是纠结着什么是传统，什么是现代，我们的两只脚踏在传统里面迟迟不肯迈出来。还有呢，除了生产方式多样性，销售方式多样性也是受非遗保护的。湖南龙山的土家族织锦原先都是传统样式的，由于当地人也不了解城市人的审美，织棉很难卖。所以南通有一家公司就把这个承包了，然后进行二次加工设计，重新剪裁成装饰镶嵌在靠垫或者包包上，这样一来收益就很好了。现在广东有一家做晚礼服的公司，旗下有两万多名绣娘分布在贵州、湖南两省。欧洲来的订单，定下样式，连线都配好了，就把这些材料发到两个省的乡村里头给绣娘做，定时收回来。这就是新时代的“公司＋农户”的经营模式。还有，像卖糖葫芦的要走街串巷，做糖人的要在街头叫卖，恰恰是在街上，别人才会感兴趣，为什么呀？怀旧啊，觉得可靠，觉得地道。这就是销售方式，非遗保护要重视这一点。

当然还有一种销售方式是你们现在正在做的互联网销售平台，这是新式的。还有一种是前店后厂，前面开店后面在做，边做边卖。现在这两种方式是最多的。

所以你看销售方式这么多,这都是文化多样性的一环。作为行政管理人员必须明白这些最基本的道理,文化多样性不能只是形式上的多样性。有的形式多样性恰恰不是文化多样性,比如说你用橄榄核雕刻,我用桃核雕刻,如果雕的内容一样,我觉得这就是一类,不是两类文化。雕刻手法一样,内容都一样,就材质不一样而已,算什么多样性呢?

(三)文化传统

我曾经在《光明日报》上发表过文章,说未来的中国是一个高度现代化的中国,但是在城市中的繁华大街上,随时就能发现传统的美,现代化的大街上要允许做糖人,要能容许有人在街边做剃头生意。为什么?因为总有老年人愿意这样剃头,人与人之间亲近,在外部空间里面接受人家的服务,这是人性,是传统,是历史,是文化。所以文化多样性保护工作不是在嘴上说说的,怎么落实在未来现代化城市的生活当中,我觉得是政府该考虑的,也是你们该考虑的。当然,大家也要与时俱进,也不能说剃头挑子弄得脏兮兮的,所以需要改善得文明一点,要人性化,跟现代化的环境更协调。我觉得这样的中国才是最有魅力的,而不是说把我们旧的东西,老的东西全部藏起来,全抛弃了。你们每个从业人员都要思考怎么提升自己,让自己跟上这个时代,保留自己的传统文化韵味,同时保留自己的特色形象,形象要跟上这个时代。

二、非遗保护蕴含的价值观

(一)非遗保护促进社会进步

非遗保护这项事业已经进行了二十余年,我觉得它促进了社会进步。首先它促进了人与人之间的一种平等观念的形成。今天的学生愿意聆听你们讲述手艺背后的故事,这就是平等。现在很多手艺人能够凭手艺致富,有的还能成为政协委员,当人大代表,有的成为大师,所有这些都是社会对大家的一份尊重,这种平等观念来之不易。我们回过头想一下,十五年前,在没有非遗保护之前,手艺人的状况是什么样的,那个时候社会是怎么看待手艺人群体的,完全不一样。今天这个时代,成为手艺人,很多人很羡慕,你看景德镇的那些年轻人,大学毕业三五年就买房买店面,每一个工作室进去一看都可以坐得下来,喝得了茶,交得了朋友,有东西可以参观,有故事跟你讲。

有些传承人现在出来还是怯生生的,说邱老师我不会说话,我没文化。很多国家级代表性传承人也这么说,特别是十年前,文化部搞大型非遗展,我接触了很多非遗传承人，他们怯生生的，很低调，低着头说话，说自己没有文化，不会说话。我说你们绝对不能在外面说你们没文化，你们是某一项文化类型的国家级传承人，是政府授予的代表性传承人，是国家命名的文化人。你有文化只是不会说，你拥有的知识，是经验性知识，是那种没有经过学者整理可供阅读、可供接受的科目化知识。所以你要大胆地说，有人采访你就要把自己的想法勇敢地表达出来，这就是你的文化。所以尊重很重要，非遗保护就是寻求这样一种尊重，精英要尊重民间，政府官员要尊重民间人士，各个社会阶层要相互尊重。我个人非常希望实现像墨子那样的理想，就是士民平等，不论你做任何职业，只要是有利于社会，有利于他人就应该得到尊重。这个理想，古代社会几千年都没有实现，墨子在两千年前就提出来了，今天的非遗保护会推动社会朝这个方向发展。我觉得这是一个非常好的事业。

（二）认识与分享

认识很重要，过去你们都在民间默默无闻，没有人听你讲你为什么雕一个关公，为什么要雕一个八仙过海。但今天有人愿意认识你，认知你的文化类型、文化主张以及文化背后的价值观，这实际上是认识你这个群体、你的生活态度，认识的过程就是情感交流，懂你的时候就是情感交流，不懂你的时候就是陌生人。所以认识是非遗保护很重要的一部分，认识以后你的东西才可以被别人分享，特别是在今天这个社会。刘魁立先生有一次在会上说非遗能不能达到共享，我觉得共享做不到，只能说我愿意跟你分享，你能不能得到共鸣那是你的事情，受到各种客观条件的限制。但分享，我有这个愿望，你也有这个愿望，这个就是好的。比如你今天愿意坐下来给我讲你的故事，讲了半天，也许我一点不为所动，但你愿意分享的态度，我愿意听的态度就是非常美好的事情。那是不是就能够达到我要拥抱你的情绪？那不一定。我也经常去听一些非遗的故事，特别是听一些传说、民间歌谣，包括侗族大歌，听侗族大歌的时候我不激动，我还是喜欢听交响乐，也喜欢听古筝、古琴。我不是说侗族大歌不好，我承认它好，它只是不能让我心动，但我愿意倾听，愿意认识。

图 6-2　邱春林教授现场讲座二

（三）认识传承人

浙江有一个博览会，那个时候一个项目只有一个国家级代表性传承人，博览会上碰到这个行业的好多同行都聚集在有品牌的摊位上，有一个摊位的传承人既不是国家级传承人也不是省级传承人，但是他也写着某某国家级项目传承人某某某，他的项目是国家级的。我带了一个牌牌在里面走动，就被一个国家级传承人给叫住了。他说邱老师你过来给我评评理，你看他不是传承人他凭什么也打传承人的牌子？那个被说的人就特别气愤，他说我不是传承人凭什么你是传承人？我家祖宗几代人都是做木雕的，我不是传承人？这现场就闹了起来，你们觉得该怎么解决这个问题？还好我接触这个工作稍微深入一点，我当时几句话就给解决了。我说你讲得对，你是国家级传承人，但你忘了说三个字——代表性，你是国家级代表性传承人，这三个字是经过国家认定的，经过中国评审制度人和国务院审核的，这是极高责任，也是极高荣誉，所以你要说全了。另一个呢，我说你也是传承人，但你不是国家级代表性传承人。你可以说自己是传承人，但是因为你没有走逐级申报程序，所以你就不能称自己为国家级代表性传承人。你说你手艺很好，那你可以走申报程序进行申请。

有一年的国家文化遗产日提出的口号是“非遗保护，人人都是传承人”。你从事这个行业，当然你都是有责任的，因为你是传承人，但你不能说，你一定就是代表性传承人，代表性传承人有代表性传承人的职责。非遗法里面写得特别清楚，这是传承人和代表性传承人的区别。后来又引申出一个词，叫代表性传承人群，这个词我就不做解释了。

非典型传承人是这几年我才遇到的词。有个国家级造纸项目也是联合国的非遗项目，为了督查保护工作做得怎么样，我去安徽进行了走访。座谈会现场有两个省级代表性传承人，其中的老艺人先发言，讲完以后另一个传承人发言。这个传承人一开口就说："我也不知道我为什么被评为省级代表性传承人，我好像不太对路，我觉得我有点像非典型传承人。"我说："你怎么像非典型传承人？"他说："我不是学徒出身，我大学是学造纸专业的。我来了这厂子以后一直做技术总监，跟老艺人打交道，他们造纸的技艺我也都会，但我每一样都没有他们做得好。后来厂里把我推成省级代表性传承人，我也只好就当了。但我这心里不踏实，所以我想听听邱老师对这个事情是什么看法。"

这个事情不是个例，我在别的项目里面也遇到过这种问题，有些企业老板是技术员出身，现在成了董事长、总经理，他们申报代表性传承人，结果也被选上了，选上以后社会上经常有各种声音攻击这种评选制度，说老板都成为代表性传承人了，只有老板才能选上，厂里的老艺人反而上不了。但真的去了解你就会发现，老板懂得东西其实并不比老艺人少。所以我问他们大学里学的知识从哪里来？他们说从书本上来。我又问书本从哪里来？他们说老师写的。"那老师的经验从哪里来？是不是向老艺人学的？生产流程是不是要到工厂蹲点多年才能总结出来？把老艺人的经验，那些说不清道不明的东西慢慢消化以后变成科学，用科学的语言表达出来，才成为教科书。然后你们才进入大学学习，那你们怎么不可以是传承人呢？而且你们做实践性的工作，熟悉整套流程，可以做得很好。比不过老艺人没关系，技艺是无限的，技艺是有各种各样的境界的，我觉得你们能够把核心的东西传承下来就不错了，就已经具备省级传承人的资格了。说得难听点，老艺人走了以后，你们完全可以挑起这个担子的。至于你们带的徒弟，就看他们的天分和努力了。天分高又努力的徒弟肯定可以达到更高的境界，所以你们完全可以承担起国家所赋予你们的传承人职责。我说你们是非常标准的代表性传承人，但是你们说的"非典型"，我觉得这个词很好，因为你们可以解决其他类似的问题。"他听了我的话以后非常激动，他说困惑了七八年的一个问题终于解决了。

我们其实还听到另外一些话，就是有些做民间口头文学的，可能只有地方上某个中学老师或小学老师爱这个事业，他们做了几十年的民间材料的收集整理，都出书了。他们把一些地域传说、故事统统都整理下来,然后报这个项目的代表性传承人,但好多专家都反对,觉得老师不能当传承人,你们觉得呢?如果一个民间口头传说都没人说了,那将其转换成文字的这个人还不重要吗?有文字在难道日后就没有人说吗?他可以说,可以到大课堂去说。但那些人认为非得在地头说才行,哪怕他说错了。我就觉得这就背离了文化的功能。非典型性传承人是一个值得思考的话题,这些话题每时每刻都束缚着我们的非遗保护。

三、谈谈创新

国家鼓励创新,大家也很重视,手艺人好像不创新就会失败。创新是什么?创新就是个试错的过程,试错还不是试错一次,是要反复试错,试错完了以后要修正,再试错再修正。我做一个新产品,我不知道做得好不好,为什么你不知道做得好不好呢?因为你看不见你的客人。你的市场在哪里呢?你的市场有可能在北京,也可能在江浙,所以你看不到摸不着客人的脾气和他的需求。你不知道你的这款新产品要服务于什么社会人群。现在社会人群像切片一样越来越细,就连80后90后都分成好多片了。我看现在90后都不理解80后,80后也很难理解90后了。

去年在景德镇的时候,有位企业家跟我说:“邱老师我们去年有一款产品在线上卖得特别好。”我问:“是什么产品?”他说:“就是一款收音机,一款木雕的收音机,模仿五六十年代的收音机样式,里面放一架新的收音机。”我问:“是什么人买,是五六十年代的群体怀旧买的吗?”他说:“你根本想不到,我们大数据显示全是80后90后在买,卖了三千多个。”我说:“80后和90后都开始怀旧了!我觉得我们60后会嫌弃这款产品,这一款没有用的东西,你送给我我也不会要啊。”你说现在的市场谁看得懂。你们在座的,要做一个产品你们是会按照习惯来做吧,按照习惯来是最可靠的对吧?现在冒出很多非遗专家经常批评你们,说手艺人做的东西陈旧得要命。但我如果把你当自己人看,就会理解你们,为什么理解?因为你只有做陈旧的东西,做习惯做的东西你们才觉得可靠,你们才觉得会有人要。你们是不是都这么想的?这就是陈寅恪先生说的理解同情,就是我理解你们所以才能够同情你们,觉得你们所有的做法是合理的,但是这个时代呢,又必须创新。你们完全守旧还真不行。为什么呢?因为消费者越来越年轻化,不创新不行。但是,我们要理解什么叫创新。我觉得现在中国浪费了太多创新背后的物力和智力,创新的产品出来以后没人买,没人买了就放在展柜、陈列室里头。我看中国所有搞陶瓷的人家里面都有几百件样品,你仔细问他哪一款产品畅销,卖得成功,他就说没有几款。我是做美术的，我一看这些产品做得不错啊，有的把手柄、装饰改一下就好了。他说来不及，也没人给他指点。他做出这些新产品花了好多的物力、精力，最后呢却被打入冷宫。现在这种现象太多了，我前几天写了篇文章发表在《中国文化报》上，写的是：要理性看待创新。理性看待创新就是说创新是要付出代价的，那怎么提高创新成功的概率呢？就要不断地试错，把这个产品投到市场以后，能跟消费者交流。你要听别人的意见，听了以后回来要修改，修改以后再投放到市场，然后再听取意见进行修改。你完善一款是一款，一年里面能够做一两款就够了，但是前提是一定要做到位，否则你的创新只能半途而废。

很多绣娘绣一幅作品动不动就几个月，结果我一看作品头都大了。我问："你为什么一开始不请教别人呢？稿子都没选好就绣下去，我真是为你不值。"她就是想当然，以为别人会喜欢。所以今天的手艺人要创新，要眼观六路耳听八方，多了解信息，还要洞察时代的变化，不能再闭门造车，一定要有敏锐的眼光。这就是说，现代社会的变化这么快，一定要知道什么是好的、简洁的、明快的、时尚的，眼光决定着创新能力。当然创新成功还涉及很多方面，你看我们文化部也让绣娘在晚礼服上创作，绣得很漂亮，但一看价格，七八千，你想想看 80 后 90 后愿意买吗？

有一年在一个非遗扶贫的论坛，有个羌族姑娘抬了一款创新产品在炫耀。我说给我看看，原来是在女性的皮包上用棉线绣羌族的太阳花。我问你这个有人要吗？她就说我这个怎么怎么好。我估计是没有人要，从美术眼光看，绣的图与皮包底的关系就不好，绣的图比底更粗，怎么起到装饰的作用呢？所以，创新就要多听、多想，耐心地把创新的流程走完。

四、非遗保护须"道""技"并重

怎么保护非遗，以我的眼光来看，我觉得现在的保护有点过于重视技艺层面，而忽略了手工艺背后的道德层面，使得我们现代的非遗保护显得有点浮躁。不但是非遗，中国最近二三十年的整个现实也就是这样，在非遗保护之前，工艺美术行业里面评选工艺美术大师就是根据技术。非遗保护又不太一样，非遗保护保护的是一种文化，而不是一种技艺。技艺是无止境的，就以木雕来说，并不是说技艺最精湛就是最好的，有的作品比较粗糙，但是它的感觉很好，有味道，那这怎么比呢？还有各种流派、技艺也没法比，有的擅长镂空，像徽州砖雕在一块砖上可以雕八九层，但有的地方的砖雕就不是以层次多取胜，像北京的砖雕，就一层它也能呈现出另一种风格。所以这些涉及流派、技艺，就没办法比较，要比的就是艺术境界，是背后的文化主张。现在人只要东西做得好就能被评选为国家级代表性传承人,这是很糟糕的事情,我们当前很重视技艺,这虽没错,但是不能太偏了。

各行各业的人,都要做出自己的本色,旦角要旦角的本色,丑角要丑角的本色,就是本色当行。工匠出来一定要自尊,我的工作不仅能谋生,还能带给我某种成就感,一定要这样想。其实今天当个老师也没有什么,但是我会很自尊,因为工作给我价值感、成就感。赚的钱不多,但是能养活自己,不欠谁,不欺诈,我觉得很好,所以我从来不向谁低头。我也不会说违心话,绝对不会。我们中国各个行业的人都要本色当行,手艺人千万不要做得像商人似的,或者整天吹嘘自己是什么什么大师,要道技并重。只保护技艺,我个人觉得大可不必。技艺丢了十年、二十年甚至一百年都可以捡起来,只要有一个残片,后代手艺人都能根据这个残片恢复这项手艺。只要遇到有心人,哪怕消失一千年的东西也能恢复。非遗保护这项工作更重要的是综合治理,给手艺人一个良好的社会风气,培养手艺人的精气神,培养一个行业的自尊,行业的自尊心起来了,整个社会对这个行业有信心,购买力就会有。手工艺品对人格的影响很大,中国人聪明,看的事物多、眼界广,所以中国人做的东西不会专注地做到那么精巧,太巧的东西就没有孟子讲的那种浩然之气。所以这些东西就需要我们把手工艺背后的精神弘扬起来,落实到每个人身上,我觉得这比技艺更加重要。

第七章　非遗文化元素的基本解读

主讲人:张春生

主持人:马知遥

图片拍摄:天津大学非遗研培团队

文字整理:赵静宜

讲座时间与地点:2018 年 7 月 4 日　天津大学国际教育学院留园

图 7-1　张春生老师现场讲座一

主讲嘉宾:张春生,男, 66 岁,研究员,文学硕士,农工党党员,天津市经济社会理事会常务理事、天津市政协历届老委员联谊会理事,中国作协会员,天津妈祖文化促进会副会长,原农工天津市委会常委,天津市政协第九届委员,第十届、十一届常委和市政协文史委副主任。曾任天津社会科学院文学研究所所长、中国小说学会的评委,除专业外,还长期关注文化工作,提出若干建议,产生了一定影响。

本文整理者:赵静宜,女,内蒙古锡林浩特人,天津大学国际教育学院在读研究生,研究方向为非物质文化遗产保护、民俗学。

一、非遗的文化元素和概念解读

非遗与审美概念、文化理解有关，风俗在其发展过程中起到了很大的推动作用，从一个角度看，“非遗”关注的是其技艺及其工艺的制作过程，强调制作和理解技艺，非遗传承的关键在于增强对技艺的理解力。非遗保护关键在“人”，它实现了从“技艺”“经验”“精神”最终到“流变”的升华，关注“社区需要”，注重“环境特色”，传承“历史积淀”，提升“人文表现”。非遗传承人在进行工艺的创作过程中，一定要体现其内在的文化精神，既要继承也要发展，但是一定要适度创新，既不失时代特色，更要铭记从何处来，到何处去的理念！

今天我给大家讲的题目是《非遗文化元素的基本解读》。我觉得咱们要对非遗的基本元素有一个初步的了解，尽管大家现在具有非遗的某方面技艺，主要分为葫芦、布艺两大类。其中葫芦就有范制的、压花的、刻制的、综合的，大小不一，有的是把玩器，有的就是欣赏器，有的还跟宗教有一定的联系。那么今天我们就从非遗这两个字给大家解读，在解读之前，讲几个天津的小例子，希望大家从这几个例子当中来理解今天的非遗。

天津有个著名的小吃全国各地都在学，可是天津人就说学得不像，那就是天津煎饼馃子。天津煎饼馃子是最近才成为非遗项目的，我们是这么给他定名的，叫作“天津煎饼馃子· ×× 煎饼馃子”。有的人就不遵守这个规则，上来就是“ ×× 煎饼馃子·天津非遗”，这是不对的，因为他把非遗的类别和项目搞混了。非遗要遵循先继承、后发展、适度创新的原则，这也是我们的根本原则。天津煎饼馃子属于小吃的范畴，属于早餐。有的人在煎饼里加了所谓的大连海参，卖 70 多块钱一套，这就容易引起老百姓的反感，没有这样的早点。这个例子说明，类别、项目和自身归类得弄清楚，否则，就算成为非遗项目，也会弄不好，甚至闹笑话。

天津有一个非常著名的药叫做藿香正气水，“达人堂”或者是“隆顺榕”的藿香正气水属于非遗项目。但是非遗在药上的理解就有所不同。药典主张的是成分，非遗主张的是制作技艺。藿香正气水主品是藿香，从药典上来讲只要成分对就行了。天津的藿香正气水的制作方法是蒸馏法，这就和勾兑的截然不同。因此，天津本地人要喝就一定喝天津的藿香正气水，为什么呢？因为它有名气。我们讲的类别、项目，继承、发展、适度创新，还有技术流程的严格性，都属于非遗的范畴。许多人认为最后完成的产品才是最重要的，实质上非遗更重视的是产品前端的流程，因为它能决定作品的风格、作品的审美、作品的文化积淀、作品的技术手段，产品的质量。

天津有一项非遗叫作鸽子哨。就是在信鸽的腿上缠上一个哨子,这里就有很多学问,不是说随便做个哨子,风一吹有响声就行了。首先它不能太重,太重鸽子就飞不起来了,或者影响鸽子的飞行高度和速度,那实际是影响了主体。鸽子哨有单哨双哨多音之分,很显然多音要比单音好,那就要在这个重量的范围内形成一个组合,让多个管在某种风速下能发出特定的声音。当这些得到满足以后,就要考虑怎样做能够使鸽子哨的外观与鸽子匹配。有一种样式是尾花式的,尾花式就是前面一个管后面加个小管。此外,人们总是想把它搞得更高级一点,有的人在竹管上刻点东西,有的人使用双层的竹管。而这些来自制作者对鸽子哨的理解。这就涉及非遗的概念和文化理解力。差异产生的根本原因就是文化理解力,而非遗跟文化理解力就有关系。

俗话说,“五里不同风,十里不同俗。”以前天津市的面积比现在天津行政面积要小得多。天津的天后宫也叫娘娘宫,拜的娘娘就是妈祖,而妈祖最早是福建的海神,人们拜妈祖祈求航运的安全。天津是一个港口城市,人们相信妈祖能为航运带来安全,因此对妈祖的纪念活动不仅历史悠久,而且规模较大。现在我们到文化街那转转,觉得这庙也不算大,可是你不要忘了,在 1000 年之前这个庙就不算小了,何况大直沽还有一个。

非遗是有定义的,联合国教科文组织保护非物质文化遗产公约里面对非遗有这样一段话,“非物质文化遗产指被各群体、团体,有时为个人,”简单说就是制作者,有可能是几个人或者更多,有时候就是一个人。一般看来,这个群体不会很大,个人反而很突出。它的内容是实践、表演、表现形式、知识体系和技能及其有关的和技艺有关的工具、实物、工艺品和文化场所。冯巩和郭冬临表演的《旧曲新歌》有“某某包子 18 个褶儿”这个场景,有些人就理解为只要是 18 个褶儿就是这个包子,我们对于天津包子的定位很清楚,半发面、水馅儿猪肉包。半发面是天津包子独特的地方,天津包子是有工艺的,每道工序是有标准的,减去任何一道工序,都不是这个包子,这才叫非遗。非遗需要在一定的空间里展现,在舞台上手背后包包子,那是杂技。这些例子都说明一个问题,联合国的标准是很清楚的,关键就是人,就是说这类人是有创造力、理解力的,这个人不是一般人,不是简单的自然人,得是有创造力的、有继承和传承发展的一类人。

二、非遗的世代相传和活态发展

各个群体和团体,随着其与自然界的关系和历史条件的变化,不断对这种代代相传的非物质文化进行创新,同时使自己产生一种认同感、历史感,从而促进了文化多样性,也激发了人类的创造性。非物质文化遗产要有历史的积淀,这个积淀的方式是什么呢?是代代相传。我们考察历史文化,评定非遗的时候总是问你,三代如何,五代如何,从哪来到哪去。另外你的东西和你的社会环境,自然环境密切相关,这一点是经常会被大家所忽略的,就说在家里头或者在村里头或者在某一个地方做东西,跟所处的环境自然界有什么关系?大有关系。尤其有些东西是直接和动植物是有关系的。比如说,雕刻,你不选石材吗?有的不仅是自然界,有的是一种社会要求,比如说,在京津两地,冬天养蝈蝈,你得有东西来盛,因为要把它放在怀里。我们搞葫芦的人都知道,怎么养这个葫芦,怎么做这个葫芦。其中,这个葫芦盖儿在制作上就有很多要求,既能通风、又不能让蝈蝈爬出来。我相信我们做布老虎的,选布、选填充物、绣花线甚至图案都要受社会影响和受自己所传承的这个东西的影响。非遗不是单纯坐在家里就能完成的,它要和自然界、社会有密切联系。同时这个东西为什么要继承传统,还要有一个历史认同,历史不认同的就不是我们的东西,因为它已经离开了原本的历史概念,更重要的是要强调多样性,这是我们在传承当中一个非常重要的东西,既要继承,又要有创新,才能一代更比一代强。

古人讲求神似,因为外在的东西像了以后就是千人一面。顺便我还要提,我们一定要在非遗文化的实践当中,把自己的权威性确立起来。现在有的艺人一被评为传承人就觉得自己身价提升了,认为自己是独一家今后随便两下就行。老百姓不是傻子,社会不是傻子,这样做的结果必然是搬起石头砸自己的脚。

图 7-2　张春生教授现场讲座二

如果文化都是静态的，只能放在博物馆，这个文化力量是很弱的。作为一个传承人，必须既要继承又要发展，这是很重要的，如果我们的东西传不下去，我们中华民族很多优秀的东西可能就会失去。

活态传承的观念在于人，所以我们在座的每一个人都非常重要，我们要认识到所谓文化自信要从我们自身开始。我相信在座的都具备技艺、经验和精神。我相信在座的艺人们都有绝活儿，缝布老虎怎么选布，往上绣花怎么选丝线、怎么配颜色，如何调节黑白两色的比例能让老虎的眼睛更精神。这些就是绝活儿，它是通过向前辈们学习和积极实践获得的。

三、非遗的核心还是传承人及传承人的素养

对非遗要求的核心还是传承人，就是我们在座的各位，这个关键在于技艺经验和精神，这个精神很重要。为什么现在有些艺人一身绝活，想传给年轻一代，但他老觉得这个东西太辛苦，可实际辛苦的背后是一种文化力量。举个简单的例子，我们天津市有一阶段把牌匾都统一了，然后有一个很著名的书法家就跟我说那不是书法，那是工艺品的工艺字制作。那个东西就把咱们传统的东西丢掉了，后来我到南方转一圈，他们对于商业牌匾也有要求，但并没有否定手工书写的方式，这个还是不一样的，工艺字是一种表象的东西，而你请人来写一些真正的书法作品，那是有一种精神在里面的。所以说我们的子女要学，我们一定要给他们讲这个。我们

任何一个地方都有自身独特的文化技艺,我相信新技术有它的发展空间,但是新技术将传统文化技艺完全取代是不可能的,尤其是非遗文化更重要的还是在于传承人的本身,我们的技术经验和精神还在于一个点,创新是好事,任何东西不去创新都不能发展。我们今天在座的都是制作葫芦和制作布艺的。首先,做葫芦的人,得把葫芦的来龙去脉弄清楚。葫芦过去是实用器,最简单的是水瓢,现在发展为是人文器,注重欣赏价值、审美价值。它收藏价值在增强,但是我们也不能把它推离生活。那我就要对葫芦适合的群体有一个初步的定位,然后再研究我用什么技术,使用什么工具,体现什么内容,最后要产生什么样的经济效益和社会效益。定好了方向,再决定要突出哪一点,再去研究是葫芦的产地、尺寸、干燥程度等。如果这一切都不研究,仅凭某一项工艺,你的东西绝对不成功。

我们所说的流变是认识上的流变,比如,天津有一个做船模型的,他对船的研究达到了只看图就能想到我要做这个模型的时候,内在结构是什么样的水平。他对中国船是什么时候出现的,用什么木头,研究得非常透彻,是这个方面的专家。他就做了一件令人很惊讶的事情,他查阅历史资料,发现二三百年前英国有一艘很著名的船沉了。但是那艘船沉了以后,英国人很觉得很可惜,所以报纸上登了船的照片,他就根据这几张照片,复原了这艘船,而且这艘船是可以打开的。连滑轮怎么滑动都能做出来,这才是真正的模型,其中包含了工程力学和材料的好多东西。咱们搞工艺品千万要注意,不要被外表所迷惑。光看外表绝对不是正路子,关键是在内涵上。比如陕西的布老虎那种粗犷当中带有某种雄浑的感觉,就好像秦腔的味道,这种感觉和味道是通过历史积淀下来的。因此,不了解这样的一种文化氛围,做出来的东西就不伦不类,千万不要死守自己这一套,要把眼界打开,想一想它的过程,想一想这东西在历史上是怎么回事。

图 7-3　张春生老师现场讲座三

第八章　非遗保护与传承的记忆阐释
——以山东省莱州市非物质文化遗产为例

作者:马知遥 刘智英
发表刊物:文化遗传
发表时间:2019 年第 5 期

记忆这个概念让人首先想到的是人类思维中信息内容的存储与使用的基本的心理过程。不过,记忆所存储的内容是如何被组织整理的,记忆保存的时间远远不是用人体自身能力和调节机制就可以解释的,这是一个与外部相关的问题,是和社会、文化外部框架条件密切相关的问题。莫里斯·哈布瓦赫特别指出记忆有外部维度,记忆外部维度指的是对物、风俗、仪式、交往、语言等的记忆①,它积淀在空间、时间、行为、身体和器物等具象中②。它是鲜活的,需要借助人(主动性)和物(被动性)进行保存与保护,“等同于想到的”③,也就是发生过的事情的知识体量,往往与传统发生联系。而“作为地域文化和情感体验的鲜活载体,通过世袭沉淀、凝聚,展演出地方所孕育的历史信息、文化内涵、地方关怀和人文情感,具有突出的记忆表征和文化内敛性”④ 的非物质文化遗产(简称非遗)就属于记忆外部维度。当下,记忆的界线在知识无限增长的过程中模糊,记忆的功能病态地膨胀,这与对记忆失落的焦虑紧密相连。泥沙俱下的大众文化不断蚕食、收缩、稀释、消解甚至破坏有关非遗的记忆,非遗的记忆面临着破碎、消失等危险。这就要求我们必须搞清楚记忆视角下非遗的时间、空间与传承主体及其意义,通过阐释时间、空间与传承主体,为非遗的保护与传承从记忆维度提供一些参考和借鉴。

---

① 扬·阿斯曼:《文化记忆:早期高级文化中的文字、回忆和政治身份》,金寿福、黄晓晨译,北京大学出版社,2015,第 10-12 页。

② 皮埃尔·诺拉:《记忆之场:法国国民意识的文化社会史》,黄艳红,等译,南京大学出版社,2017,中文版序,第 12-13 页。

③ 阿莱达·阿斯曼:《回忆空间:文化记忆的形式与变迁》,潘璐,译,北京大学出版社,2016,第 22、31 页。

④ 周玮、朱云峰:《近 20 年城市记忆研究综述》,《城市问题》2015 年第 3 期。

一、非遗中时间的记忆

谈到非遗的记忆,必然绕不开时间。当下的非遗的记忆夹杂在不可预见的未来与臃肿不堪的过去之间,对这样一个信息不断膨胀的当下挤压着非遗的记忆,我们只有透过充满既成事实的过去才能把握。非遗中的时间,既是人生礼俗的时间,又是岁时节令的时间。前者强调记忆的存在性以及有效性节点,涉及传承主体人生维度内与非遗产生联系的重要时刻,相对于个人生命历程来说,属于一次性时间。后者是记忆激发的节点,属于反复回归和规律性现时化时间。

先谈人生礼俗的时间。"文化遗产的形成历史是由一连串的断裂所决定的"①,非遗在记忆层面也经历着各种时间转折点的断裂,而这种断裂以诞生礼、百岁礼、成年礼、婚礼、建房礼、六十大寿礼、葬礼等一次性时间节点在"冷"与"热"②的社会显现,是人的生命历程层面的历时性时间。

以莱州市的省级非遗花饽饽制作技艺为例,麦作文化的衍生民间工艺品,造型极具胶东风味,形式多样,包括圣虫、月鼓、寿桃、枣饽饽、茧饽饽、巧饽饽等。笔者发现它是目前莱州市非遗自我造血最好的一个项目,假设其他元素为定量,这里仅从花饽饽相关的时间节点上分析传承效果的根源。说到莱州人营造房屋,除了择吉日选良辰外,最热闹也最重要的时刻就是房屋上梁、抛梁的时序,而这时人们会想起肥猪拱门、狮子把门、面燕、圣虫等面塑。结婚的时候,双方家庭自然会想到要互赠花饽饽,比如,男方给女方送发面做的二十个面桃,女方留下十个,然后回赠男方对数不等的龙凤、鸳鸯、狮子、佛手、金鱼、蝴蝶等。当小孩诞生百岁之时,莱州人多会想到去购置一批百岁子,举行隆重的过百岁仪式③,目前这一仪式十分盛行。据老人回忆,很早以前小孩参加科举考试,家里还会制作面柿子,寓意"中试"。虽然人生礼俗涉及的时间并不像年节那样有周期性,却是绝大多数人生命维度上重要的时间节点。回忆者通过人生维度上这些一次性时间枢纽启动了所传承的非遗回忆,进行时间索引式的叙事。这种时间记忆的共象是因为"意义、重要性、值得回忆性等存在于那些一次性时间,特别是例如骤变、变迁、发展和成长或者衰落、下

---

① 阿莱达·阿斯曼:《回忆空间:文化记忆的形式与变迁》,潘璐译,2016,第 51 页。

② 术语最初由法国人类学家列维·斯特劳斯提出。德国学者扬·阿斯曼以此为基础对其发展,"冷"社会指的是思维僵化、稳固的社会,发展变化意识薄弱的社会,"热"社会是思维活泛、发展变化意识强烈的社会。

③ 莱州当地一种小孩出生一百天求吉纳福的仪式,这天会制作一种称作百岁的面塑,其形两头凸出,状如梭子,俗称岁子,有长命百岁的寓意。

降、恶化等之中"①。记住这些一次性时间有助于唤醒非遗相关意义、重要性事件的记忆。这种记忆术利于培养"只有具有重要意义的过去才会被回忆,而只有被回忆的过去才具有重要意义②"的潜意识。而这种潜意识利于长久持续性地保护与传承非遗。

莱州花饽饽一方面通过时间唤起与人生礼俗有关的记忆,另一方面在时间记忆上,让人联想到传统节日类非遗。传统节日类非遗的时间作用通过回忆作用于节日时间之内的整合力,从时间轴上多个节日的时间节点(有的非遗集中于某一个节日),借助后顾性记忆,把不共时的记忆拼合建构起来,并持续对过去的经验进行具体化、现时化呈现。非遗的保护与传承,现时化的时间元素在里面功不可没。说到春节,圣虫、枣饽饽、小饽饽成为整个年节的记忆关键词;正月十五,茧饽饽必不可少;二月二,打囤时会摆上圣虫;三月三,新媳妇回娘家需要带面燕;谈起七夕节,当地人自然而然地回忆起用饽饽磕(莱州当地人念 ka)子磕制巧饽饽的场景;中秋节,人们会想到做月糕、月鼓,祭月赏月的场面,等等。"伟大的日子唤起伟大的记忆。对某些时刻而言,光辉的记忆理所当然。"③传统节日虽然谈不上"伟大",但绝对是"光辉"的。它"是中国人生活情感和愿望的共同表达",要么我们的年轻人已没有了"节日记忆"④,要么我们的年轻人的"节日记忆"已不纯粹。情人节涵化着七夕节,万圣节影响着中元节,圣诞节冲击着春节。外来信息占据与分流着固有存量的记忆空间。于是,传统节日的时间节点回忆本身是承载文化习俗与情感的凝结性结构的一部分,通过周期性循环往复获得时代性位移从而再次辨认,使得不共时的传统节日记忆与当下频繁互动而常忆常新,从而被当作共同文化因素得到集体的认同。与此同时,非遗时间记忆稍纵即逝,记住非遗要靠正月初一、七月初七等众所周知的时间,传统节日的时间节点需要人们花时间,花心思去回味、体悟。这也就是为何冯骥才先生要强调"节日不放假必然直接消解了节日文化,放假则是恢复节日传统的首要条件。"⑤

---

① 扬·阿斯曼:《文化记忆:早期高级文化中的文字、回忆和政治身份》,金寿福、黄晓晨译,北京大学出版社2015,第67页。

② 扬·阿斯曼:《文化记忆:早期高级文化中的文字、回忆和政治身份》,金寿福、黄晓晨译,北京大学出版社2015,第73页。

③ 皮埃尔·诺拉:《记忆之场:法国国民意识的文化社会史》,黄艳红,等译,南京大学出版社,2017,第106页。

④ 冯骥才:《节日的情怀是不变的》,人民网,http://culture.people.com.cn/n/2015/0116/c87423-26395923. html,访问日期:2015年1月16日。

⑤ 冯骥才:《我们为什么要过传统节日》,搜狐网,http: //www.sohu.com/a/277486704_743805,访问日期:2018年11月23日。

综合考量，通过这些“共同栖居的、被垦殖、精确度量和控制的”[①]人生礼俗与传统节日中的非遗时间，面塑在时间中以回忆的方式被多次召回，在时间节点的助力、激活与维系下不断获得匡正、反刍与加强，此时时间是有意义的，有情感的，一定程度上强化、弥补与还原了非遗记忆。这种时间节点对非遗保护与传承的强化力不仅超越了时间本身，也跨越了空间，即使生活于外地的莱州人，在某一时间并不在原有生境，每逢春节、正月十五等时间节点，亦会产生每逢佳节倍思“遗”的现象。这类人会购置一批花饽饽，这也是一些花饽饽售往外地的原因。莱州花饽饽随着时间节点的关注成为记忆热点，花饽饽越受重视，获得的社会资源越多，形成良性循环。

时间依靠“重复的压力”来强化我们的记忆。比如，莱州市市级东海神庙祭祀活动。自西汉以来，莱州市民众围绕着海神崇拜形成的一种特有的海神文化。每年正月十八、四月初三、六月十三与十月初三村民会举行隆重的祭拜仪式，这些日子最初仅是空洞的数字，经过上千年的重复在当地久而久之形成了一种怀旧情结。东海神庙祭祀活动最初是帝王祭海的仪式，自秦皇、汉武到清光绪十六年（1890年）最后一次帝王祭海，共 81 次。由时间激发的祭海记忆被植到声音、身体、面部表情、肢体动作、舞蹈、旋律和仪式行为中。明成化二十二年（1486 年），每次庆典内部的时间次序得以确定，乐人演奏曲调的前后必须依照时序规定，连神前桌椅器皿摆放的时序都要按规矩来。与此同时，每次庆典都与之前的关联庆典联系到了一起。这样，每次庆典都依照着同样的时序不断地重复，就像设计学领域二方连续的花纹总是以不断重复的图案呈现那样。东海祭祀仪式依托重复的指涉方式，定期回忆组织形式，从而重复着相关性的庆典，利于仪式本身构建统一体，提供规范性和定型性的行动指南，培养了仪式感。而且，它更重要的意义是历史时间现时化为一个不共时的事件，并给予部分更新与替换，不仅仅一直遵循完全相同的规范进行，避免文化失宠。具体表现是，祭祀仪式逐渐演化成凝结性结构的一部分。对非遗时间记忆的回忆并未缺少机动性，表现在保持与模仿，同样表现在回忆与阐释上。民间对这四大海庙祭祀日子基于回忆基础上又进行新的阐释，“正月十八，海庙万树芽始发，春风百帆遍天涯；四月初三，春潮如烟，百鱼上滩；六月十三，求雨祭天，雷公闪电；十月初三，秋风肥蟹到海边，斜阳鱼虾满船归”[②]。正是这种时间记忆

① 扬·阿斯曼：《文化记忆：早期高级文化中的文字、回忆和政治身份》，金寿福、黄晓晨译，北京大学出版社，2015，第 81 页。

② 刘巨峰：《烟台区域文化通览·莱州卷》，人民出版社，2016，第 128 页。

在定型性与自主性的两极之间摆渡形成了现实层面的非遗保护与传承。祭祀仪式作为时间记忆的组织形式有序地进行，巩固了认同知识的保护和传承，并由此保证了文化意义上认同的再生产。这种以时间来记住非遗的作用在其他方面皆有所表现。非遗的记忆要想被回忆召回，就需要一个拥有完整节点的时间模型，一个特定时间使其现时化。不管对非遗时间的记忆具体或模糊，保护和传承非遗就要记住非遗这些时间，维系、存储、丰满、激活非遗重要时间节点。“谁若还在今天期望明天，就要保护昨天，让它不致消失。”①

把这些“不合时宜”的时间以不断重复与现时化的方式激活、召回，可以强化非遗的指向性记忆，实现永恒的重演，使其成为引以为荣的时间。对非遗的时间记忆，以一种有时稍显模糊的热情眷恋着那些凝结着人民之灵魂的时刻，眷恋着那些浓缩和表达出集体意识的岁月。

二、非遗中空间的记忆

时空关联是记忆的常量之一，总是在具体时空下去触发一些记忆结晶点。记忆在时间和空间搭建的框架或提供的线索中被唤醒，围绕着我及我的所属物展开非遗物化或扩展化。空间，作为一个中性的、去符号化的具有可替代性和可自由支配性的范畴②。它是抽象化的数据堆砌与均质化的浅层体验，侧重实证，是人文主义失落的编码性符号③。而“地点和物体定义了空间”，并且“地点和物体都是价值的中心”④，因此地点与物体相较于空间除了涵盖其物质性，还具备了非物质性。非遗所采用空间核心术语：文化场所“不仅是单纯的物质空间，而且承载了人们认知空间的历史、经验、情感、意义和符号”⑤，所以，更契合地点与物体的概念与范畴，基于此，对非遗中的空间记忆本文遂采用对地点与物体的记忆。

地点是非遗记忆不断反刍化的重要枢纽点。虽然，地点同时间一样，并不拥有内在记忆，但是它们对于文化回忆空间的建构却具有重要意义。不仅因为它们能够通过把回忆固定在某一地点的土地上，使其得到固定和证实，它们还体现了一种持久的延续，这种持久性比起个人的和甚至以人造物为具体形态的时代的文化的

① 扬·阿斯曼：《文化记忆：早期高级文化中的文字、回忆和政治身份》，金寿福、黄晓晨译，北京大学出版社，2016，第24页。

② 阿莱达·阿斯曼：《回忆空间：文化记忆的形式与变迁》，潘璐译，北京大学出版社，2016，第346页。

③ 段义孚：《恋地情结：对环境感知、态度与价值》，志丞、刘苏译，商务印书馆，2018，第405-406页。

④ 段义孚：《空间与地方：经验的视角》，王志标译，中国人民大学出版社，2017，第13页。

⑤ 程世丹：《当代城市场所营造理论与方法研究》，博士学位论文，重庆大学建筑城规学院，2007。

短暂回忆来说都更加长久”[①]。也就是说，地点本身可以成为记忆的重要助产士，是一个存放美好回忆和辉煌成就的档案馆，甚至可能拥有一种超出于人的记忆之外的记忆。

作为地理意义上的地点与非遗记忆的依托性关系，在现实中出现两种情况。其一，地点所承载的记忆实则是地点中所生存的人的记忆，地点与非遗并不存在唯一的指向性。所有此时地点并不成为促成与助长非遗记忆的基石，并不助于根本上维系其生存发展。比如，笔者采访吕村年画传承人张同杰时，张师傅说过“后庄头绳割（念 ga）的，南李纸扎的，吕村纸画的，城子埠做鞭的”[②]，而目前只有吕村年画还依然活态传承，其他村落的标志性文化早已消失。这里地点对非遗记忆遗忘的阻碍裨益不大。其二，莱州人一说到麻渠村，首先会想到那是制作大糖的地方，说到吕村就是年画，说到沙河镇就是草辫发源地，从这里可以看出地点在某些非遗记忆维系上只能“锦上添花”却做不到“雪中送炭”。

即使这样，作为记住非遗的记忆核心要点——地点——用来从非遗记忆的地点回到回忆地点这一步来说，仍然十分重要。它一定程度上充当着非遗记忆的防腐剂，包含着灵活意识的束缚。而且，有的非遗与地点记忆息息相关。以莱州市民间文学类非遗为例，文峰山传说、望儿山传说、优游山下乾隆帝传说、卧牛石传说、神仙洞传说等，在此地表现出深厚的“恋地情结”，优于文本等一系列固化的储藏方式，储藏记忆的特定地点成为非遗记忆最好的保鲜剂。非遗的“内在体验越是薄弱，就越需要外部支撑和有形的标志物，这一存在唯有通过这些标志物才能继续”[③]。民间文学最重要的载体是语言，而语言记忆主要依赖的是个人的记忆力，其本身容易出现混乱与遗忘的现象。这时，地点就充当了一个逝去的、脆弱的过去不容置疑的见证。地点记忆在文峰山、望儿山等抑或感激的地点，抑或崇敬的地点，发挥着独特的回忆功能。这种记忆术把一份扎根于特定地点的遗产从记忆的幕后搬上前台，通过对这方领土的执着思索、谈论与书写等方式，完成一系列追念性演出，呈现出此地沉淀着的精神、理智与情趣，重燃沉寂着的文明与思想，整理层叠着的过往与历史，赋予文峰山、望儿山等地一份特殊的价值，暗示着它的古老与意义。把光辉的主题限定于土地独一无二的传说（乾隆皇帝在优游山的传说、赵运能在莱

① 阿莱达·阿斯曼:《回忆空间: 文化记忆的形式与变迁》，潘璐译，北京大学出版社，2016，第 344 页。

② 张同杰艺人的录音整理。采访人: 刘智英，被访人: 张同杰，采访时间: 2018 年 12 月 18 日，采访地点: 吕村张同杰家中。

③ 皮埃尔·诺拉:《记忆之场: 法国国民意识的文化社会史》，黄艳红，等译，南京大学出版社，2017，第 13 页。

州的传说)中,心境随着土地的深刻而深刻,非遗记忆走出不明确的地带,成就一个明确而鲜明的形象,由此引发人们对其地点的“深度体验”,强化了地方性认同,利于保护与传承非遗。

民众的恋地情结里蕴含着与物质世界的亲密关系,他们依赖物质,同时物体本身是记忆与永续希望的一种存在方式。人总是被或日常或具有更多私人意义的物所包围,这些物物化了诸如实用性、美观性与舒适性的地方性知识。其反映着人自身,让他回忆起自己的经历、自己的知识体系等。于是,物体的记忆总是充当了迅速而决定性的流逝意识与对当下确切意义的焦虑的结合物。尤其是非遗中包含的实践、表演、表现形式、知识体系和技能有关的工具、实物、工艺品,对它的记忆有形形色色的表现物,以最微不足道的遗迹、最细微的见证物,到最宏大、崇高的物体,从最庄严的到最简陋的皆而有之,赋予它潜在记忆性的荣誉。

这里以莱州市县级非遗平里店镇麻渠村大糖为例,说明物体的记忆对非遗保护传承的重要作用。麻渠大糖是传统的糖果,出现于四五百年前,是麻渠人冬闲时节主要的生活来源,更是当地重要的文化记忆。麻渠大糖酥软松脆,麦芽糖的醇香和芝麻粒的油香混合在一起,风味独特。麻渠大糖的制作前后需要备料、发芽、研磨、搅拌、过滤、煮沸、沉淀、熬制、烫板、捧头、拔糖、搓挺、上气、上芝麻、拉盘子、撑圆、凉糖等十几道工序,制糖师傅们每天从早上三点一直忙到晚上十点左右,每人各守一摊,各负其责。

如此多的工序,如此长的制作时间,自然少不了繁多的工具。而这些工具,据笔者田野调查发现,相当一部分面临着被迫更替。其一,麻渠大糖属于行商,早年间走街串巷,离不开叫卖吆喝。最初是锣鼓,随着发展演变成了方言味道的吆喝声“大糖、大糖,麻渠大糖,又脆又甜,真香真好吃”。随着科技的进步,吆喝声被录入了电音喇叭,循环播放。其二,所有由松木、杨木材质制成的器皿皆要换成 2.0 mm 晶钢材质的器皿,据多位制糖师傅反映,这种替换先不说制糖师傅能不能胜任,单单对大糖的精华——口味就是毁灭性打击。与此同时,材料的变更,带来火候的难以掌控,以及在熬制过程失去了原有木香的沁入,很难做出原有味道的大糖。其三,熬糖稀工具也变了,过去作头和二把刀(一种称谓,相当于糖坊主与副糖坊主)领着大家集体用木锨搅拌、翻转进行煎熬,如今木锨替换为电动搅拌机,这是将熟人社会的热火朝天替换为一位师傅依偎在机器旁落寞独守。其四,燃料因为林业局的介入,由最初的松木变成煤炭。而最近环境保护部门又提倡所有煤炭统一变成环保煤炭,不仅仅提高成本,而且火候难以掌握,这些都慢慢消解着本已风雨飘摇的麻渠大糖。此外交通工具、碾磨工具、大糖本身等也面临着替换。这些替换确实有些是为了非遗更好传承做出的改进，也取得一定的效果。而有的改良就是“新形势，旧传统”的大环境下，一种“新”的必然优于旧的的思维对非遗进行的臆断。这才会出现在非遗保护与传承中，一些现代化、机械化的工具替代了传统的工具，反而传承效果大不如以前的现象。

从表层上看，流水线的批量作业、标准化的配置与冷冰冰的技术锻造出的等价事物替代了麻渠大糖的原始老物件。从记忆维度上看，这无形中强化了传统衰微的潜意识，消解着制糖师傅对其手艺的情感，蚕食了物件背后的象征性。这种替换切断了传承人与麻渠大糖十分脆弱、不可名状的传统文化记忆的联系。而最终这会带走麻渠大糖的记忆。由点及面，这里不仅指麻渠大糖，在所有非遗的传统物体中，其印痕可能来自那些令人敬畏的遥远的故事，它们的形制可能是祖先民间智慧适应自然的观念。每当传承人进行实践、表演、交流时，这些与传承人并置的老物件会在回忆的力量下重新化作保护与传承非遗的注解。段义孚先生曾说过：“某个人所拥有的物品是他人格的延伸，贬低了那些附属物的价值就等于削减了他的人生价值。”[①] 各种保护与传承口号与政策不断推行，基于合情合理合法的维度下进行改善、限制与替换，实则是改善、限制与替换传承人对自身文化的自信与依恋的记忆。传承人所持有的物体，那些已经有了情感，有了意义的物体，就像一本古老家谱，里面有传承人的父亲、祖父与兄弟姐妹。如若不去保留这些传承人的物体，意识到记忆对传承人的重要性，保护与传承的口号越响，践行越多，反而愈发加剧传承人无能为力的悲鸣度，愈发营造传承人当下举日无“亲”的落寞感。这也就是制糖师傅孙聪彬为何说出这番感叹的原因，“就这么回事吧，爱吃赶紧吃把，这些老把式（伙计）干不动了，这些老家什儿（物件）都换了，三两年说不定麻渠大糖就真成了个念想了。我说这句话的时候，麻渠二村的孙师傅还说‘你真乐观，照着这也不要用，那也不敢使（的形势），说不定明儿就没了’。唉！ 就是这么个形势。”[②]

三、非遗中传承主体的记忆

诚然，对非遗中时空关联的记忆重视与再认识对非遗保护与传承大有裨益，但对非遗记忆起到奠基作用的“记忆之所”实际上是传承主体——个体与集体。他或

---

① 段义孚：《恋地情结：对环境感知、态度与价值》，志丞、刘苏译，商务印书馆，2018，第147页。

② 艺人孙聪彬录音整理。采访人：刘智英，被访人：孙聪彬，采访时间，2018年12月23日早四时，采访地点：麻渠村孙聪彬塘坊。

他们是非遗记忆的被动持有者也是主动激发者，充当过去的代言人和未来的传递者。随着城市化、工业化、市场化的推进，非遗有关的工具、实物、工艺品和文化场所已丧失了原先所拥有的无可替代性与理所当然性，出现了诸多替代传统指涉的等价事物，镶嵌在记忆中的传统根基面临着覆写、消除、蚕食。要想对尚存于传统的余温、缄默的习俗和对先人的重复中的经验的记忆趋向自动消失、落寞、被尘封或遗忘的颓势得到缓解、摆脱，甚至扭转，从记忆视角上看，仅关注非遗中时空关联的记忆是不完整的、碎片化的、断裂的以及不深刻的，对于非遗的个体与集体记忆再认识尤为必要。记忆的个体与集体层面，“从个人角度上看，记忆是一个聚合体，产生于个人对林林总总的群体记忆的分有，从群体的角度上看，记忆是一个分配问题，是群体在其内部，即在其成员中分配的一种知识”[①]。个体作为一个容纳了不同团体、群体的集体记忆的场所，容纳了来自不同群体的集体记忆以及个体与之每每独特的关联，表现出的个体与各种集体记忆之间独特的关联方式，个体与集体在记忆层面上相互共生。这里以非遗的个体记忆为例阐释非遗中传承主体的记忆。

非遗的个体记忆层面既可以作为记忆的主动激发者又可以作为被动持有者。历史学家汤因比所说：“‘有多少人，就有多少种思想。’每一个人都必须为自己辩护。”[②] 每一份个体的记忆，都是一份独一无二的人性档案。这份人性在非遗的每个传承人上表现为个人生活、情感经历、语言特性、心灵历程、个性心理、社会关系、身心状况乃至记忆方式等。不过并不是所有人的记忆对非遗保护与传承同样重要，这也是选定非遗传承人以及不同级别认定于记忆维度上的意义。它的完整而深刻的认识是对非遗的各种实践、表演、表现形式、知识体系和技能更加持久而深刻的保护与传承，保护与传承的方式也因个体记忆的深刻而铭刻着人本意识。

这里以莱州市县级非遗海草房苫盖技艺为例。海草房，是现存胶东半岛的稀世民居。海草房以山东的荣成、莱州居多，整栋房屋深褐色中带着灰白色调，墙体由青灰色的花岗岩和清水砖石垒砌而成，格子门、雕棂窗极具地方特色。而莱州的海草房更加的精美，这种精美体现在做梢上。苫匠会将海草像屋山外面探出一截，披到山墙上，并将渔网盖到上边，屋梢与山墙连为一体，屋梢有鱼鳞梢、板凳面子梢等多种样式。屋梢与屋顶苫海草的地方留下一瓦宽的瓦沟，这样不仅雨水能顺瓦

① 扬·阿斯曼：《文化记忆：早期高级文化中的文字、回忆和政治身份》，金寿福、黄晓晨译，北京出版社，2015年，第29页。

② 汤因比：《汤因比论汤因比——汤因比与厄本对话录》，王少如、沈晓红译，三联书店，1989，第180页。

沟流下，最主要便于猫在瓦沟中走动，防止麻雀在海草边上啄窝损坏海草[①]，因此，当地人将这种设计称作“猫道”。再有区别体现为割檐，在苫屋前后檐上放置八九厘米的小瓦，瓦头为滴水瓦，好的苫匠苫出来的瓦与海草相接的地方如快刀割过一般，样式美观、适用。苫房技艺的整个过程，必须经过“捋、压、拍、刷”四道工序，四道工序中的操作还要做到“实、匀、紧、平”。所以，曾经的海草房是莱州沿海地区对家的一种记忆。可是当下，十年前连片的海草房聚落群，如今已然所剩不多。一部分或是屋主离世或是随儿女远居他乡，已是人去屋空，长久的不维护屋面背阴处会生长出一层绿色苔藓，伴有成簇的瓣尖红色的瓦松，俗称“山老婆指甲”，对其屋顶损毁严重，风雨飘摇；一部分是因为屋顶上的大叶藻（苫盖海草房的原材料）许久未维修有些地方已经残破，当地人在原有海草屋顶的基础上包上几层塑料膜继而喷上厚厚的水泥，最后再盖上一整块厚厚的苫布，做了退而求其次的维护，其实这种海草房外观已经破坏，也属名存实亡了；还有相当一部分直接推倒重盖为新式红瓦房。

形成上述保护与传承窘境的原因多种，比如，近海养殖的出现，海洋环境的变化，导致作为海草房的大叶苔、二道苔等原材料已面临绝迹。而保护与传承最大的困难是随着苫草技艺后继无人，苫匠的年事已高，出现保护与传承断层，海草房变得岌岌可危。笔者最初拜访两位海草房苫盖的苫匠，其中一位已离世多年，另一位也因为年事已高，听力退化，加之老人文化水平不高，使得无法交流。随后，笔者对七八个依然有海草房的村子进行走访，发现目前对海草苫盖技艺依然能完整回忆的有朱流村苫匠史经伯、张发山，河套村苫匠王家辉，海庙于家村张景通等。而这些人虽然已离开了原有的成长环境或改造了原有的生存环境，依然能够较为清晰地回忆起整个苫盖的过程、要点、实用工具、禁忌、海草房的变迁以及发源地等一系列问题。这里海草房的记忆不可抗拒地被历史所攫取，这使得人本身成为记忆的一个场所，一个随身携带着非遗的“记忆包”。生活在社会中的人往往利用参照框架来记录和寻回回忆，当有关的非遗进行解释时所必需的坐标不存在或无法符合当下需求时，隐藏在人的身体知识本身的记忆发挥着重要的作用。个体记忆使得已经逝去的东西依然具有生命力，而这种生命力是一种夹杂着归属感和疏离感的情绪塑造出来的。内在呼唤着外在，精神空间的私有在某个时刻转为相对的共有。

同样，我们通过对传承人个人记忆的了解，能形成一种换位思维。其一，实际了解后，发现这些老苫匠和老居民，相比他们对美好生活的希冀，对现代化住房的

① 张景通:《海草房》，大众文艺出版社，2010，第 67 页。

向往与认同，远抵消世辈栖居于海草房的留念。非遗保护与传承的大势没有错，同样谁也不能剥夺活生生的人向往美好生活的权利，对其个人记忆的深刻认识与关切会让保护与传承政策与方法推行得更加顺畅、亲切、更真实全面、更接地气与更有温度。其二，会对可以供人类继续发展的文化基础认识上更丰满。英国历史学家、哲学家西奥多·泽尔丁如是说："我关注每一个个体，因为我意识到了人的无限多样性，我要避免掩盖了每个人独一无二的特征的那种僵硬的分类法……"[①]。其三，能抽离出一种崇高的榜样，通过媒体、不同行业、领域的人不断地去对吕村年画第七代市级传承人张同杰老师的采访与调查，张同杰老人重新焕发了对自己手艺的自信心与热情。张同杰艺人说："你知道吗？没有你们这么多人不断地来关注，我早干不下去了，你们关注我，不一定就给我钱啊，给我东西啊，你们的关注就能让我更有干劲儿，不叫（因为）你们，（我）早不画了，你说我儿女都有出息，我又不缺这三瓜儿两枣的卖画钱，（你们对我的关注，使得）我知道国家重视，国家都重视的东西，能错吗？那我只要能动能行，我画下去，不能对不起国家的重视嘛，你说是不？"[②]

这种个人记忆的关怀，对于构建文化自信起到不可或缺的作用，日积月累地荡涤文化自轻的落寞心理，潜移默化地强化文化虔诚的内在结构，更大程度上强化了传承人去细心保存本就眷恋或捍卫着那些栖居于自身的记忆。对个人记忆的关注势头会无形中助力榜样的形成，而这种榜样的抽离使得手艺人成为文化名人，自身物质和精神上都得到满足，同样，也会形成一种引导与风向标。这也是传承主体为何在一定情境下是被动持有者的缘由。手艺人关于手艺的个人记忆的内倾性因其榜样的荣誉起到如地点、物体等纪念碑的功用，引导着、带动着一批新生力量。

四、余论

综上所述，文化记忆附着在一些客观外化物上，而文化意义则以某些固定形式被包裹其中。非遗如果要被保护与传承好，那么它必须具有一个具体的形式，这种形式或是具体的人，或是具体的时间或是具体的空间，而保护与传承的效果往往与这些具体形式的含量正相关。在记忆维度下，被经历的时间、被唤醒的空间与传承人（个体与集体）是非遗的指南与索引，同样，也会为当下非遗保护与传承提供参

① 西奥多·泽尔丁:《情感的历史》，刘庸安、贺和风译，九州出版社，2007，第 1 页。

② 张同杰艺人的录音整理。采访人: 刘智英，被访人: 张同杰，采访时间: 2018 年 12 月 18 日，采访地点: 吕村张同杰家中。

考。当下,保护与传承良好的非遗,对时间、空间与传承人记忆维度的重视,会助益、匡正、稳固甚至创新保护与传承措施。至于,举步维艰的非遗项目,对非遗时间、空间与传承人记忆的关注不仅完成“临终关怀”,而且可能形成一种新的传承方式。这种新的非遗保护与传承方式要求去记住隐藏在时间序列的行为和习惯的交往,隐藏在栖居生活的土地,隐藏在传承无声的物体,隐藏在集体或个体身体的知识与经验,继而深层次培养对时间、地方、物体与传承主体的情感、象征、功能的觉醒与决心。最终,形成一种润物无声的视角来保护

与传承非遗,一种本能反射性的地方性学识。这会使得岌岌可危的非遗形成一种非常稳固的特性。这些非遗时间、空间与传承人的记忆投影于现实中标志着非遗可感知、可控制、可预见,内倾性的理解引导着保护与传承的外倾向,意味着甄选、关切和个人对某些记忆内容的青睐。这些附加值使得对非遗的记忆成为文化记忆的一种系统的记忆链,形成一种秩序与规制,一个想象的记忆建筑物,一个思想的地形图。

第九章　中国非物质文化遗产保护理念的几个关键性问题

作者:马知遥 刘智英 刘垚瑶
发表刊物:民俗研究
发表时间:2019 年第 6 期

非物质文化遗产保护是人与社会长期互动的过程,它正在从一个全民性的文化热点转变为全民性的文化事业,非遗的保护理念与原则不断发展与完善,并在具体的非遗保护工作推进中不断完善。非遗保护理念如同非遗本身的活态性,也需要“活态”调整。非遗保护工作者只有对保护理念不断进行调整,非遗保护理念才能与实践相得益彰,共生共赢。因此,为做好当下非遗保护工作,我们有必要回溯非遗保护的理念,结合目前实践保护中出现的新问题与新现象,立足我国非遗保护的政策环境,提出一些建设性意见,为当下非遗保护工作提供借鉴。

一、当代中国非物质文化遗产保护发展脉络

中国非物质文化遗产保护工作已经进行了 19 年,这 19 年来,对非物质文化遗产的认识和保护理念也在不断变化。回顾历史,我们大体可以把非物质文化遗产保护工作分为五个阶段。

2001—2003 年是非物质文化遗产保护的起步阶段。2001 年昆曲入选“人类口头和非物质文化遗产代表作”,从此学者们开始投身于非遗保护这一新的研究方向。同年 5 月 18 日,联合国教科文组织宣布第一批“人类口头和非物质文化遗产代表作”,包括我国昆曲在内的 19 项代表作入选。此后,“非物质文化遗产”作为一个特定的专业学术术语进入学者的视野。在中国知网输入“非物质文化遗产”关键词进行查询,结果显示期刊、论文、新闻稿、会议记录、访谈等文献 2001 年有 305 篇,2002 年有 611 篇,2003 年有 1097 篇。笔者通过梳理与研究这三年的文献发现,这时期“非遗”作为新生热词出现,学术研究还处于探索阶段,缺少较为全面的

认识和深厚的积淀,学术自主性和独立性较差,往往是国际组织、政府、社会或地方出台、颁布或者申报完成一项任务或事件,学者专家争相研究。

2004—2006年是非物质文化遗产保护的起步阶段。这一阶段的标志事件是联合国教科文组织《保护非物质文化遗产公约》[①]获得国家认可。2006年,政府推出一系列非遗保护相关的政策与方案,如5月20日公布了第一批国家级非物质文化遗产名录,6月10日设立"中国文化遗产日"等,非物质文化遗产保护获得广泛关注。这一关注辐射到各个高校,有关非物质文化遗产的专业教育成为热点话题。

2007—2011年是非物质文化遗产保护的推动和加速阶段。2007年,对于中国非物质文化遗产保护而言意义非凡。这时,中国政府开始推动非物质文化遗产走出国门,走向世界,举办各种展演活动。这一时期,非遗保护主体各司其职,非物质文化遗产保护工作多元并举。2011年关于非遗保护实践的理论研究有很多,学界对博物馆、图书馆、档案馆、科技馆等公共文化机构尤为关注,对非遗保护实践工作中总结、提炼出的理论进行反思与探究,试图为公共文化机构在非遗传播和传承中的作用指明方向。作为承担非遗整理、研究与学术交流任务的高校,也开始进行教育培训、宣传推广等方面的工作。《非物质文化遗产法》的颁布让我们弄清了非遗保存和保护的区别。于是,数字化保护作为最有效、最便捷、最科学的方式在学术研究中成为热点。

2012—2015年是"后申遗时代"的起步期,又属于非遗保护的稳定期和反思期,申遗热潮逐渐退去。这一阶段主要涉及的热点关键词有生产性保护、生态保护、非遗的产业开发、旅游开发等。这一时期,保护与认识非遗的实践维度受到高度重视,"生产性保护"成为学术热词。非遗产业化与非遗的产业开发的区分成为热点。与此同时,非遗中的经济属性更受关注,表现为旅游产业与非遗的具体融合。除了保护名录措施日臻完善、设立警告退出机制外,生态性保护成为这一阶段非遗的一种重要保护方式。

随着非物质文化遗产保护工作的深入,保护理念也在发生微妙的变化,过去一向被专家和保护工作者挂在嘴边的"原汁原味"的保护不再被提起,过去谈非遗创意即色变的情况不复存在。针对非遗保护工作中越来越明显的博物馆化、过分强调原汁原味带来的非遗僵化、过度旅游开发和其他商业行为带来的非遗歪曲化等现象,政府部门强调要进一步明确非遗保护工作的指导思想、基本原则、主要任务、主体地位和成效衡量等。习近平新时代中国特色社会主义思想和关于弘扬传承优

① 《保护非物质文化遗产公约》于2003年10月在联合国教科文组织第32届大会上通过,2006年4月生效。

秀传统文化、实现创造性转化和创新性发展的重要论述，是做好非遗保护工作的根本指导思想。时任文化部副部长项兆伦在讲话中提出：“①秉持见人见物见生活的基本理念。②注重实践。实践是非遗传承延续的核心，是非遗活力的基本体现。③尊重传承人群的主体地位和权利。”[①] 可以说政府主管部门对文化遗产保护意识的统一以及对非物质文化遗产保护原则的规定，是通过大量实践获得的、带有中国特色的非遗保护思路和智慧。与过去的保护思路相比，非遗保护已经不应仅强调保护，还应在保护中强调对非遗传承人传承能力的提高，帮助他们在实践活动中发展壮大。

有些掌握话语权的专家认为，非遗应该保持“原汁原味”，否则就是破坏，这样的思想延续了很多年。但是大量的田野案例、大量的基层声音、大量的乡土实践反馈给我们的并非如此。非遗主要活跃在乡村，其创作者是乡民，使用者是乡民，观赏者也主要是乡民。非遗的“原汁原味”不应该是专家的田园诗、山水画。我们要知道传承人不光有非遗，还有生活，让他们保护与传承，最重要的是要让他们活下去，活得好。当笔者采访天津市刘家园永音法鼓传承人杨奎举时，他如是说：“还原汁原味，你看，不原汁原味都传承不下去了，(都)没人学了。”先不说技法、步调等的改良，法鼓传男不传女、传内不传外的传统传承方式早已不再“原汁原味”，杨奎举说：“老外也收啊！太欢迎了，我们老祖宗的文化就不能传到国外吗?”[②] 天津刘家园庆音法鼓田文起说：“你只要来学，不但不用你交学费，过后我还给你点小奖品。”[③]

第二批国家级非遗草编传承的状况，进一步说明了“原汁原味”的保护是不可能实现的。草编最初的样式是草辫，草辫是草编艺术品的雏形，用麦秸草、芦苇、玉米皮、拉菲草等乡土材料挑拨编织，掐出最初长辫形的样式，这个过程称为编草辫。在草辫基础上，设计者通过样图对草辫进行编制的过程称作草编。在莱州，草编最早的原料是麦秸草，中华人民共和国成立前主要是用小市麦、蝼蛄腚、大红麦、小芒麦、白沙麦等麦秸草。中华人民共和国成立后至今，小麦品种更新 6 次，引进推广优良品种 78 个。新技术的引进，使麦茎变短、变粗，秸草无法继续作为草辫原料。民国初年，曾在太平洋万国巴拿马博览会上获得特别奖的草编四大名品“沙河

① 项兆伦在全国非物质文化遗产保护工作座谈会上的讲话，见 http://www.ichtianjin.com/a/policy/2018/0912/448.html.

② 访谈对象：杨奎举；访谈人：马知遥、刘智英、马延孝；访谈时间：2016 年 11 月 3 日；访谈地点：天津市河西区南楼前程里 72 门 302 室。

③ 访谈对象：田文起；访谈人：刘智英；访谈时间：2017 年 2 月 11 日；访谈地点：天津市北辰刘园新苑活动室。

黄”“沙河白”“莱州锯条”与“莱州花”已然绝迹，当地乡民被迫在实践中不断改良原料。

草编另一种主要原材料玉米皮，在玉米联合收割机等现代农机推广及脱皮技术的影响下，也难逃“厄运”。当地乡民为了让编草辫工艺继续活下去，开始引入蒲草、三菱草、拉非草等，甚至出现了当下比较多见的纤维质地的草绳。省级非遗传承人郑金波认为，编草辫虽然已有1500多年的历史，但是草编（不管是材料、工具还是技艺）在近一百年的变化，比过去一千多年的变化都要多。事实已然表明，僵化的保护方式是不符合社会发展自然规律的。如果无视当代生活的需求和变化，如果传承人本身不主动改变，而进行“原汁原味”的保护，非遗必将被群众和社区（乡村）生活淘汰。失去自我造血功能的非遗，一旦离开国家的扶持就会陷入困境。显然，“见人见物见生活”的原则是非物质文化遗产保护的根本。非遗本身就是生活的一部分，必须在人民群众的实践活动中发展变化才能生存，其本身就是民众劳作模式的一部分，就是传统的重要内容，使其在生活中实践就是保护，就是发展。民众会根据需要进行改造，没有实践能力的非遗必然会逐渐失去活力。过去专家们提出的“民间生产，精英挑选”的原则，是对民间文化、对非物质文化遗产的不尊重。笔者在中国非遗传承人群面塑技艺研培研修计划的前期走访调查中发现，越是获得四邻八乡认可的、生意红火的传承人，越渴望获得进一步提高的机会。“你是不知道啊，之前是没有渠道，只能通过自己的摸索和一些机构组织的评比活动得到提升，老娘前几年瘫痪在床，日夜守候，伺候老娘，失去了很多机会，现在我有了这个机会，我哪怕一个月不赚钱，也要去提升提升自己。”① 这是莱州市吴三村小有名气的面塑艺人盛乐文的心里话。其实，他们才真正是非物质文化遗产的创造者和传承者，他们有权利解说他们的作品，有权利走出乡村获得更多受教育的机会。政府和专家倾听传承人的心声，给予适当的引导和帮助，是目前非遗保护和传承发展的良好思路。“民间创造，民间挑选”是非遗保护中更为可行的方式，“批判的立场帮助在日常生活中造成文化遗留物，反思的立场把文化遗留物命名为非物质文化遗产，给予遗留物重新成为日常生活的有机组成部分的机遇”。当我们的国家和民众已经将过去的传统视为被保护的对象时，非遗的发展就迎来了机遇，对于生活其中的人来说就更是机遇了。

2016年至今，属于非物质文化遗产保护和发展的“发力”期，“后申遗时代”到了厚积薄发的阶段。2015年，文化部、旅游部、教育部共同决定实施中国非物质文

① 访谈对象：盛乐文；访谈人：刘智英；访谈时间：2019年5月21日；访谈地点：莱州市吴三村盛乐文家中。

化遗产传承人群研修研习培训计划，着眼于“强基础、拓眼界”，旨在利用高校资源，对资深从业者或较高水平的从业者进行研修、研习与培训，实现跨界交流，助推非遗保护与传承。2016年以后延续了高校研培计划，使非遗进入高校的保护和传承模式得到强化和推进。2017年，中共中央办公厅、国务院办公厅发布《关于实施中华优秀传统文化传承发展工程的意见》（简称《意见》），非遗作为增强社会主义文化软实力，实现文化强国任务的重要组成部分出现在《意见》中，涉及全面传承发展非遗工程，进一步完善非遗保护制度，实施传统工艺振兴计划，保护传承方言文化等方面。同年，国务院发布了《中国传统工艺振兴计划》，针对非遗十大类中的传统工艺从国家层面做出了针对性计划，提出要建立国家传统工艺振兴目录，扩大非遗传承人队伍，将传统工艺作为中国非遗传承人群研修研习培训计划的实施重点，将顶层设计与现实实践进行对接。今年，文化和旅游部就戏曲专项扶持工作做出部署，试图有效解决戏曲面临的紧迫与突出问题。

非遗保护与传承工作在此时段显得更为从容与自信，实践工作与顶层设计互动，顶层设计助推实践工作，着眼于现实，立足于未来，既做到了全局把控，又做到了重点突出。

二、非物质文化遗产的“公共文化”属性

公共文化是“相对经营文化而言，是为满足社会的共同需要而形成的文化形态，强调的是以社会全体公众为服务对象的公共行政职能，目标是人人参与文化，人人享受文化，人人创造文化”①。非物质文化遗产在不断的保护实践中，渐渐从某些专家收藏式的欣赏和博物馆化的收藏中开始向大众展示和推广，这是近年来非遗保护原则和理念变化带来的可喜变化。这说明政府和专家们已经意识到，非遗作为民众生活的一部分，不是谁可以私藏和独占的。非物质文化遗产的“公共文化”属性正在不断强化，而且事实上已经成为公众共同关注和“消费”文化的一部分。公益性文化事业和经营性文化产业两大部分，首次在党的十五大报告中被明确区分。随后，国家支持和保障公益文化事业的原则在党的十六大报告中进一步明确。实践证明，以政府为主导繁荣公益性文化事业，以市场为主导发展文化产业，坚持文化事业和文化产业两轮驱动，才能形成公益性文化事业的“补血”和“造血”机制。除了国家政策的强势扶持以外，各地政府也纷纷出台相关保护条例对其进行帮扶，而且把非物质文化遗产的保护和发展工作作为公共文化服务体系建设

① 印兴娣：《浅谈苏南地区农村公共文化建设》，《常州信息职业技术学院学报》2015年第2期。

中的一项考核指标，非遗成为“公共文化”的组成部分已经成为事实。从公共文化的公益性、便利性、均等性特点看，非物质文化遗产都符合上述要求，而且随着文化与自然遗产日的深入人心，非物质文化的公益文化服务性质愈发明显。在这样的大趋势下，我们需要明确，作为公益性文化的承载者，非物质文化遗产传承人有责任和义务配合政府的文化宣传和公益性活动，积极开门收徒，宣传优秀的传统文化技艺和记忆。在自我传承中还需要不断加强自我造血能力，探索市场规律，在提升文化附加值的同时，形成良性的可持续发展态势。在笔者实地走访全国各地多项非遗活动的过程中，发现许多传承人都有自己的主业或副业，虽然这些事业多是赢利的、非公益性的，却反映了一个事实，有一部分非遗保护与传承需要市场来进行“补血”与“造血”。如浙江东阳木雕市级传承人蒋宝良有自己的加工厂；山东省莱州市草编技艺省级传承人孙玉兴平时开高端培训画室反哺着草编传承；麻渠大糖制作技艺传承人孙聪彬平时也干着建筑工程的活儿。走向市场获取利益的非物质文化遗产，是否还属于公共文化似乎将成为一个问题。其实，公共文化服务从文化权益出发，可以分为基本公共文化服务与非基本公共文化服务两类，“非基本公共文化服务是指为了满足人民群众不断增长的文化需求，遵循非营利的原则，以低价有偿的方式向公众提供的文化服务”[①]。

现实存在的一个问题是，在非物质文化趋向公益文化事业或成为公共文化的一部分时，一些本来就有很高商业价值的非物质文化遗产开始受到市场的青睐，比如一些过去价格低廉的传统手工艺品，在成为省级或者国家级非遗后，身价倍增，有些已经不是普通消费者能够接受的价格。公共文化产品有不断向高端奢侈品发展的趋势，这时候如何看待公共文化的商业性和赢利色彩是我们接下来要去思考的问题。

“产业化经营是指集成同类或同行业的企业和组织，从零散的经营转向以市场为导向、以效益为中心、以工业生产为标准的大规模生产运作。在发挥产业化功能方面，可以以创意园的方式发挥地方非物质文化遗产产业化功能。”[②]政府和专家已经意识到了这样的变化，并意识到非遗产业化的可能。这时候需要警惕的是，具有赢利能力的非物质文化遗产，在不断地创新和发展中，在不断改善传承人生活境况的同时，会不会因为创新而损伤其作为非遗存在的核心价值，如手工艺类非遗本身所承载的可贵的“手工”性质。笔者在田野调查中发现的这一现象并非偶然。“黎

① 高福安：《公共文化服务体系建设创新研究》，北京：中国传媒大学出版社，2018 年，第 2 页。

② 高福安：《公共文化服务体系建设创新研究》，北京：中国传媒大学出版社，2018 年，第 84 页。

侯虎作为布老虎技艺中的一个品牌，传承人高秋英老师的生意却并不如意，其中有一个重要的原因便是高老师开门授徒后，徒弟们让'黎侯虎'的品牌进入了市场，却无形中冲淡了高老师的生意，彼此成了竞争对手。作为该布老虎制作技艺原创者的她，如今却成了'受害者'。由此便可看出，非遗保护无形之中强化了艺人们文化自觉的潜意识，使得他们认识到了自己原创的手工技艺的价值和意义，与此同时，他们也秉承着手工性的传统工艺，奈何市场的种种原因使他们的生存举步维艰。在生存和市场的双重压力下，如何让艺人做到心无旁骛，不因为订单的追逼和市场的诱惑而使得珍贵的手工技艺尘封，致使批量化、简单化的作品产生，是值得关注和亟待解决的问题。"①

三、非物质文化遗产的共享性

在新媒体发展的今天，非物质文化遗产已经成为新媒体关注的重要内容，非遗正在从公益性的公共文化事业转变为一项可以共享的精神文化财富。但我们注意到，在全民共享非物质文化遗产成果的同时，非遗本身具有的"核心价值"开始缺失。尤其是传统工艺类的非遗在各种渠道的资助下获得全面复兴的今天，批量化的生产成为常态。

其一，共享性。非物质文化遗产一旦走入公众视野，过去"养在深闺人不知"的局面被彻底打破，过去可能只在某个区域或族群使用的非遗，陡然被更多的民众认可并开始使用，通过新媒体的即时性传播，它们甚至为世界民众所认识。共享性已经成为当前非遗的重要特征，而人类非物质文化遗产保护的目的之一就是文化遗产的共享，在共享的同时保持文化的多样性发展。学术界还有一种观点认为：文化共享后会让文化产生变异，破坏差异性，从而同质化发展。这些担忧其实是多余的，共享是非遗物质层面的共享，而不是非物质层面的共享。比如，相声作为大众的艺术，大众共享的是舞台呈现、临场发挥，而不共享其专业积累；剪纸，共享的是呈现的剪纸作品、原料工具与剪制过程。就拿传统节日来说，即使中国最普遍的传统节日——春节，它也仅在有华人的地方盛行，而且各地也有相当大的差异，每个地方都各有特色。十里不同风，百里不同俗，说的就是此意。这种非遗共享，本质上是其传播维度上的共享，而不是传承维度上的共享，这是有利于非遗保护与传承的。试想，如果某一项非遗因为共享真的获得全世界所有人的认可，那么这项非遗不是正好契合了非遗保护与传承的初衷吗？共享是为了让更多人知道，知道才有

① 马知遥、唐娜、刘晓琰：《布老虎寻踪：北方三省布老虎活态调查和研究》，人民出版社，2017，第284页。

产生喜爱的可能，有了喜爱才能去保护与传承非遗文化。

其二，走向世界的文化符号。由文化和旅游部、教育部、人力资源和社会保障部三部委实施的全国非物质文化遗产传承人研修研培计划，从2015年开始，目前推行3年，已经有110多所高校参与到这项大规模的非物质文化遗产保护和发展工作中来。非遗研培计划的推行深得民心。学员们走进高校，向民间艺术大师学习，和大学教授共同切磋，拓宽了视野，增长了见识，这些都增添了艺人们的文化自信。在研培计划中，针对不同地区的非遗传承人，高校采取了灵活多样的培养方式。有些古老传统的民间手工艺品在当代已经失去了市场，但其高超的核心技术还在，这些掌握技术的艺人们通过与熟知国际市场的设计师合作，经过营销师的点拨，对未来的市场需求有了了解，自然会有针对性地进行创新。非遗研培中不断出现这样的例子。传承人根据市场需求而进行的创意往往能够改善他们的生活，给他们的传承带来更大的后劲。其实在国外的调查中我们也发现，国外华侨对传统文化的向往和热爱不亚于国内人民，他们迫切希望有中国味道的传统文化进入国际，一方面可以缓解他们长久的乡愁，另一方面也表达出他们对传统中国文化的敬意和自信。

其三，私密性的冲突和调和。非物质文化遗产有不同的类别，但不论什么类别，传承人都有一个共同的愿望，那就是靠非遗的本领吃饭，不能让手中的金饭碗变成了无用的道具。共享让非遗过去的私密性特征开始改变，更大的公众号召力和包容性为非遗走向共享助力。过去传承人的个人信息是闭塞的、隐秘的，对他们熟悉的大多是乡里乡亲。现在单靠口耳相传是不够的，需要更大范围的宣传和更多种形式的包装，利用电商和网络成为必然。如“唯品会+蜡染合作社+村民”就是一个成功的模式。通过与知名电商合作，将民间工艺品推向网络，进行实名标价售卖，产生了比较好的经济效益。很多传承人已经意识到这是一个捷径，通过建淘宝商店和网络连锁的方式，积极联系销售渠道，带来了比较好的经济效益。宣传自我，成为打破私密性的第一步，也是多数非遗传承人的成功经验。传承人从过去的乡野走进了公众视野，从过去在家里做完再拿到市场销售的方式逐渐演变成了全然公开的方式。人们在体验中走进传承人的日常生活，在体验中获得对文化遗产的认可。在各种展会上，传承人几乎和商品捆绑，一样可以进行自我展示，有了文化明星的感觉。这是过去封闭的农耕生活中所没有的，也是需要他们逐渐适应的。

四、需要培养“职业文化中介人”

非物质文化遗产的保护意识在不断改变，并且开始为更多公众所认可。文化和旅游部提出“见人见物见生活”，提出“用”字当头，这些从实践中获得的见识超越了初期一些专家们提出“保护第一”的工作要求，这是观念上发生的重大变化。过去专家们提出当前非遗保护的最大任务就是抢救和保护，至于保护以后该做什么很难达成共识，甚至于有些权威专家认为，保护就是最大任务，原汁原味地保护并继续生存就是非遗保护的最大目的。一旦有人谈到对非遗的创造性发展和应用，便会遭到多方批评。非遗动不得，改不得，真正为难的是非遗传承人们。在他们那里，不能变化、不能随着人们的需要而进行改良的非遗只能走向末路。于是，得到了各种称号后，他们只是成了非遗的延续者，被剥夺了再创造和发展的权利。因为一旦改变了非遗原来的“原汁原味”，就可能被视为“伪非遗”。但这其实是专家的“原汁原味”，而不是参与主体的“原汁原味”。实践是检验真理的唯一标准。在田野调研中，刚开始与传承人交谈的时候，对方询问最多的是“你能给我带来什么？你能帮我做什么么”？他们不要“原汁原味”，就想要这个文化能传承下去。只有不断变化的非遗才可能保持活力，才能在与时代的调适中不断获得生机，“对无形的非物质文化遗产的保护，关键在于保证其活力的存续，而不是保证它永远的原封不动”①。

基于此，国家有关部门已经意识到非遗发展的必要性，也意识到了给传承人松绑的重要性，出台了各种政策，比如《中国传统工艺振兴计划》《乡村振兴战略规划（2018—2022 年）》《中国非物质文化遗产传承人群研修研习培训计划》等，这些大政方针给非遗的全面发展和灵活机动地生存创造了优良的环境。非物质文化遗产传承人的自信心得到提升，他们的生活条件也获得较大改善。但我们也必须意识到一个问题，多数传承人本身只是掌握了高超技艺的人，他们在急剧变化的时代，还很难华丽转身，成为市场的弄潮儿，一些既掌握技术又具有市场营销能力的传承人还只是极少数。这从一些具体个案对比中可以看出。比如葫芦雕刻传承人赵伟，通过家族传承掌握了葫芦雕刻的核心技艺，又十分精通营销。他有一套自己的“生意经”，对葫芦雕刻工具的每一次微小的改良都会申请专利。赵伟曾自豪地跟我们说：“葫芦雕刻工具市场这一块可以说 80% 以上都有我的专利，所以他们只要

① 马知遥、孙锐：《文化创意和非遗保护》，天津大学出版社，2013，第 41 页。

雕刻就免不了与我打交道，知晓我们的葫芦。”[①] 葫芦雕刻技术水平有高有低，这就如同“道”，而葫芦雕刻工具是“术”，离开了“术”，非遗便无法“坐而论道”，它需要工具辅助与呈现，“巧妇难为无米之炊”正是此道。赵伟从最初葫芦种植到最后文创产品的出现，都有着自己专门的技术、生产、营销团队和创意团队，会和时下最火的快手、抖音等平台合作，这得益于赵伟早年在商海中摸爬滚打总结的经验。他能迅速把握市场的脉搏，而且也知道非遗的文化核心，知道非遗再怎么创新性发展和改造，也不能改变其核心技艺。任何人不能为了创新，把葫芦雕刻变成茄子雕刻，因为葫芦雕刻有葫芦雕刻的核心技艺和竞争力。真正可持续发展的传承人，在社会转型的当下不免要迎合市场，但是这种迎合建立在钻研非遗文化核心的基础之上，是沉淀后的突破，发酵后的创新。同理，民艺类非遗的竹雕可以做成自行车、人物头像、贴画等，既保留了非遗核心技艺，又满足了市场需求。但也有反例出现，笔者在浙江调研某位木雕艺人，谈到木雕创新的时候，这位艺人向笔者反映，由于木材管控以及成本的提高，他打算用不锈钢取代木材，完成创新，这其实是对非遗发展与创新的偏离。在非遗发展的今天，如果要让非物质文化遗产获得广泛的认可并获得可观的经济回报，需要既懂市场又懂营销、热爱非遗的专门的非遗职业中介人，或称文化经纪人。他们需要具备以下素质：能够实时掌握市场对非遗产品的需求；懂得非遗发展规律；内心对非遗事业怀有敬畏之心。这类非遗职业中介人或者文化经纪人的加入，会让传承人少走很多弯路，并且能够让非遗传承人放手进行自我的创新和创造，不断将绝技发扬光大。

五、结语

基于以上认识，笔者认为，非遗保护理念的当代转变与当前中央政府提出的创造性转化和创新性发展有很大关系，而最关键的是这一理念关注到作为非遗主体的传承人的利益。从以人为本的理念出发，才能意识到强迫非遗不随着时代变化和发展创新是对传承人群的不负责任，是无视传承人对现代化生活的向往，同时也是对非物质文化遗产的不负责任。“死保”的结果就是让非遗原地不动，无所变化和发展，导致的是非遗脱离时代、脱离民众生活、脱离文化消费的现实，把掌握核心技术的传承人拖入了贫困的泥潭，最终人为加速了非遗的消亡。转变非遗保护理念，为历史和时代负责，为传承人群负责，乃是当前专家学者和保护工作者都应努力的方向。

---

① 访谈对象：赵伟；访谈人：刘智英、周晓飞；访谈时间：2018年7月15日；访谈地点：天津大学留园。

第十章 非物质文化遗产教育性保护的方法论与道路探究

作者:马知遥 常国毅
发表刊物:民族艺术研究
发表时间:2019 年第 2 期

非物质文化遗产(简称“非遗”)保护存在过于重视非遗数量和非遗传承人等级划分的问题,渐渐背离了保护的初衷,忽视了非遗作为一种优秀传统文化存续发展的教育问题,导致社会成员特别是新生一代对非遗文化认同的薄弱。因此,有必要通过开展与非遗相关的教育活动,最大限度塑造社会成员对非遗的主动文化认同,使非遗切实获得生命力。值得庆幸的是,目前国家也在进行这方面的努力与尝试。比如实行“中国非物质文化遗产传承人群研修研习培训计划”、参与联合国教科文组织的“《保护非物质文化遗产公约》与高校非物质文化遗产项目的融合培训班”等。同时,有志于非遗保护事业的各界人士特别是非传承人也在积极开展非遗教育实践,这为我们探讨非遗教育的方法和道路提供了借鉴。

一、非遗保护中文化认同的缺失

(一)文化认同缺失的环境因素

随着经济全球化趋势的不断深入,我们的生活环境和方式都在改变。现代化生产工具的普遍应用,提高了生产效率。大批青年涌入城镇,传统村落劳动力缺失,落后的农耕经济成了时代“遗孤”。生活水平的改善,自然带来了人们对生活方式优越性的追求,城镇化就是这一追求的标志。物质资料生产方式的极大改变,导致村落的相继消失,直接威胁传统文化的存续发展,其中自然也包括亟待拯救的非遗。传统村落是传统文化产生的主要自然环境与人文环境。自然环境指能够给人提供各种条件的大自然,人文环境是指提供给人类在实践活动中利用文化符号进行互动交流的社会区域。虽然自然环境是非遗存在的基础因素和前提条件,但是非遗主要存在于人在其中起主导作用的人文环境中。在从传统村落到城镇的演变过程中，人文环境的变化远比自然环境的变化来得大，在这一过程中，作为构成人文环境主要因素的民风民俗却被抛弃和忽视了，人们从前在乡村社会中赖以联结的文化纽带也渐渐断裂开来，以前所熟知的甚至离不开的传统文化，逐渐淡出人们视野。

（二）文化认同缺失的主体性因素

这里需要界定一下文中“人”的范围。由于文化认同是来自同一社区和群体成员对共同历史的认知和承认，通过彼此认可的文化符号来联结共同的历史经验，是与历史对话的纽带以及对自我身份的界定。所以，文中所说的“人”并不是单纯地指非遗传承人，是从广义上包含认同中华民族优秀传统文化的所有人。

只要人能动地活动在社会文化环境中，他就有了作为人的主体性。可是，每个人及其所从事的文化活动是各不相同的，文化也是复杂多样的，因此每个人的主体性以及他所对应的文化是不同的。对于整个文化环境来说，人有其主体性的实践活动，但对于特定的非遗来说，他不一定有文化主体性。怎么才能说一个人有某种非遗的文化主体性呢？本文认为有两个标准：首先，他要在文化环境中开展某种非遗实践活动；其次，人的认识活动是有主观能动性的，其要有发自内心的相关文化认同。无意或者违心地参与某种非遗活动，是没有实际意义的，因为他不会自觉且长久地参与这一活动。这两个标准中，人们往往只注意到了第一个。比如说，有些非物质文化传承人，为了扩大利益，大规模机械化生产其艺术产品，甚至抛弃了一些传统的制作工艺和重要的工具，生产出来的已经不是我们所要保护的非遗，只是一件失去文化内涵的商品而已。这类人开展的非遗活动很有“效率”，但是却丢掉了我们要保护的东西。非遗保护与传承背离了初衷，生产出来的只是打着“非遗”幌子的商品，而真正能称作非遗的传统工艺以及文化内涵却被丢掉了。可以说，保护非遗就不得不保护人的相关文化主体性，即强化从事非遗实践活动的主体的文化认同。目前非遗保护最主要的困境就是主体文化认同的缺失。举个典型的例子，昆曲作为我国现存最古老的曲种之一，被列入“人类口头和非物质文化遗产代表作”之后，虽然通过各界努力其发展状况得到明显好转，但是仍然存在很大的文化认同缺失问题。赓续华认为：“昆曲表演演员的文化、水平和素质有待提升。”李蓉（浙江工商大学教授）在与浙江昆剧团近距离的接触中，感受到了中青年昆曲演员们的困惑，她在《昆曲青年演员的成长之思》里指出：“演员们普遍理论水平有限，他们想深造而不得。”李蓉与赓续华不谋而言。谢柏樑亦认为中青年演员存在缺乏名气、缺少认同感的困境,他们与对昆曲艺术孜孜以求的老一辈艺术家相比存在差距①。传承人群需要文化认同,观众对昆曲的文化认同的缺失也是昆曲表演过分"市场化",甚至是需求丢失的根本原因。2019年7月18日,李治邦老师在"天津大学2019年非物质文化遗产传承人(面塑制作技艺、木雕制作技艺)培训班"一次题为"中国非遗的传承与发展"的讲座中,曾心痛地感慨昆曲申报非遗成功后,鲜有新闻用头条进行报道,没有受到重视,这不仅是李老师一个人的痛,更是我们民族的痛。只要是艺术,它们都要表达对人类对世界对土地对生养自己的民族的认识,所有的表演都具有感情,而感情表达的深度来自表演者自身对文化的理解和体认②。中国的非遗是中华优秀传统文化最优质的组成部分之一,我们却缺乏对自身宝贵的非遗应有的重视。保护之路困难重重,归根到底还是主体文化认同的缺失。作为"百戏之祖"的昆曲尚且如此,其他非遗的保护则更令人担忧。

二、教育在非遗保护中的主要内涵

教育是一种有目的地培养人的社会活动,这是教育的本质,也是教育活动与其他社会活动的根本区别。既然作为非遗存续发展所必需的年轻一代对其不再熟悉,甚至是已经投入战斗一线的非遗传承人也对其缺乏应有的文化认同。那么,开展有目的地培养非遗文化认同的社会活动就成了当务之急。教育是将人类历史长河中所积累的文明进行选择、保留、传播和再生产的主要途径,这种文明的传递方式能使个体在有限的时间内掌握浓缩的人类文明成果,是人类独特且高效的文化传递方式。非遗作为优秀传统文化的代表性成果,具有人文性、历史性和浓缩性等特点,这与教育活动的特性不谋而合,并使教育成了非遗在存续状态前提下与人类进行互动的纽带。

联合国教科文组织《保护非物质文化遗产公约》对非物质文化遗产的定义中提道:"这种非遗世代相传,在各社区和群体适应周围环境以及与自然和历史的互动中,被不断地再创造,为这些社区和群体提供认同感和持续感,从而增强对文化多样性和人类创造力的尊重。"③可见,主体的认同感是非遗保护的关键因素。非遗自

① 朱栋霖、谭飞:《为昆曲现状把脉——中国昆曲苏州高峰论坛2018综述》,《中国戏剧》,2018年第9期,第55-56页。

② 马知遥:《非遗保护中的悖论和解决之道》,《山东社会科学》,2010年第3期,第28-33页。

③ 中华人民共和国文化和旅游部国际交流与合作局:《联合国教科文组织〈保护非物质文化遗产公约〉基础文件汇编2016年版》,中国数字文化集团有限公司,2019。

身让人有认同感,这是优质文化的吸引力,但从社会学角度来说,这是被动的。教育是要主动扩张非遗的吸引力,让人通过认知与理解来承认非遗,并内化为自己选择行动和生活方式的原则,让人从被动认同到主动认同,发挥人的文化主体性,构建非遗保护的主动语境与存续状态。这既是教育在非遗保护中的应有之义,也是非遗保护的核心要素。教育在人与非遗之间构建起的文化认同,是使非遗保护有主体实际意义与时代存续意义的主要内涵。

三、以教育实践为核心的非遗保护方法论探究

教育能使人类,特别是新生的一代,既经济又高效地掌握历史长河中积淀下来的优秀传统文化,使非遗得以存续发展,保持生命力。《实施〈保护非物质文化遗产公约〉操作指南》明确提出“缔约国应努力采取一切适当的手段,运用教育和信息计划,以及能力建设活动和非正规知识传播手段,确保非物质文化遗产得到确认、尊重和弘扬”①,并鼓励缔约国实行具有 13 种目的的措施和政策。这些目的主要通过学历教育和非学历教育来实现,其中学历教育为主导,非学历教育为补充。

(一)在学历教育实践中引导非遗保护

学历教育在教育部门认可的教育机构中进行,并且有专业人员承担教学工作。我们通常所接触的学校教育就是学历教育。学历教育阶段是人们积累知识、提高技能、塑造思想品德的关键时期,在这一阶段让非遗与学校教育融合,增强人们对非遗的关注和认识,是培养非遗保护的主力军与新生力量的有效途径。

1. 与学制接轨传播非遗观念

《中华人民共和国教育法》规定,我国实行学前教育、初等教育、中等教育、高等教育的学校制度。将非遗与学制接轨,使之融入人们的学业成长阶段,从而提供一种持续的影响力,能有效培养激发人们对非遗的关注与文化认同,形成自觉的行动力量。李振奇等人认为“把非遗教育融入学校教育体系,一方面有利于学生认识和传承民族优秀传统文化的基因,另一方面也是国家对提升当代青年学生综合素质的必然要求。目前,越来越多的院校把非遗列入了学校的总体教育体系和目标考核内容。”② 宋俊华从非遗传承的新要求出发在论述戏曲传承的路径时,指出了学校

---

① 中华人民共和国文化和旅游部国际交流与合作局:《联合国教科文组织〈保护非物质文化遗产公约〉基础文件汇编 2016 年版》,中国数字文化集团有限公司,2019。

② 李振奇、毕宏伟:《论非物质文化遗产进入高校的可行性》,《山西财经大学学报》,2013 年第 S1 期,第 119 页。

教育体系对非遗传承的重要作用①。张永广等人在分析将非遗纳入学校教育体系的具体案例中，指出了学校教育体系有利于打破非遗传承中的“断代现象”，推动非遗的可持续发展②。范雨涛等人在深入分析民族地区非遗发展困境的基础上，认为学校教育体系目前已经成为非遗传承、传播以及发展的关键途径，扮演着不可替代的角色③。将非遗保护纳入教育体系，尤其是学校教育保护体系已达成共识，目前非遗与高等教育相结合的研究与实践正在如火如荼地进行着④。武汉 63 岁的万正兰，既是武汉木雕市级传承人，也是武汉轻工学院和湖北青年职业学院的客座教授，万老师在学院开设了两个学分的木雕选修课，注重理论和实践结合，在做中学，学生十分感兴趣，在动手的同时也潜移默化地接受着传统木雕文化的影响，并通过理论知识的学习进一步巩固和加深理解与认同。学生刚开始一个简单的钉子都不会钉，也不能识别木头，但两个学年后已经能进行简单的制作了，而且对相关的木雕文化能娓娓道来，还十分乐意向身边的同学进行宣传与讲解。此外，天津人所熟悉的第六代“泥人张”张宇老师，分别在南开大学、天津大学、天津师范大学等开设通识课，任客座教授。高等教育一直以来备受关注，特别是 20 世纪下半叶以来，高等教育改革一直是各个国家教育发展的重点，这与社会对高级人才的需求有着密切的关系。2019 年 7 月 22 日联合国发起了“《保护非物质文化遗产公约》与高校非物质文化遗产项目的融合培训班”，来自中国、印度、尼泊尔等地区 20 所高校的专家和学者共计 50 余人参加培训⑤，这更是一次将非遗与高等教育相融合的理念冲击与行动号召。社会和文化的发展需要高级人才，这无疑是值得肯定的，但是在学前教育、初等教育、中等教育中还有大批受众，他们都是非遗存续发展的新生力量，不能只依靠一部分高级人才在大厦上振臂高呼或等待他们“反哺”其他受众，应该上下呼应。在看到高等教育在非遗保护方面的重要作用时，也要关注基础教育的大众性与普及性。在学历教育中的基础教育阶段，是塑造儿童良好世界观的关键时期，在这一阶段中进行非遗教育，可为他们将非遗保护内化为自觉的行动存蓄力量。在这里，我们不是要提倡杜威的“以儿童为中心”，而是希望从儿童开始，让这些新

① 宋俊华:《戏曲传承的路向抉择》,《戏曲艺术》,2018 年第 2 期,第 11-18 页。

② 张永广、尚晓梅:《我国青少年群体参与非遗保护传承现状》,《当代青年研究》, 2017 年第 5 期,第 73-77 页。

③ 范雨涛、刘汉文:《论学校教育与非物质文化遗产的传承与传播——以羌族传统音乐学校教育为例》,《西南民族大学学报(人文社科版)》,2018 年第 8 期,第 220-225 页。

④ 赵红:《学校教育视野下的少数民族“非遗”保护研究综述》,《当代教育论坛》,2018 年第 3 期,第 71-79 页。

⑤ 刘珈辰、钟菡:《非遗与高校如何进一步融合? 联合国教科文组织在沪开班》, https: //www. shobserver. com/news /detail?id = 165045。

生力量能切实看得见、摸得到、学得到非遗，能切实认识、理解、认同以非遗为代表的优秀传统文化，毕竟将来他们中的很多人就是战斗在非遗传承和发展一线的主力军。

总之，让非遗与学制接轨，基础教育与高等教育“两手都要抓，两手都要硬!”是现代教育发展公共性和全民性的要求。

2. 培养教师队伍

教师是教育事业发展的关键力量，一般是指在学校教育中承担教书育人工作、履行教学职责的专职人员，在教学活动中占主导地位。要想让非遗与学校教育有效结合，教师是关键一环。因为教师扮演着学生成长的引领者和人类文化的传播者与发展者的角色，并通过对学生思想素质和才能的培养，间接推动社会精神文明建设和物质文明建设。武汉科技大学城市学院的张静老师的经历，是一个特殊且极具反思意义的例子。张老师 18 岁时学习木雕，师承武汉木雕省级传承人邓道航，一直学习了十年，28 岁的时候（1995 年）想再去读书，便参加了成人高考，成功进入了湖北教育学院（现在名为“湖北第二师范学院”）脱产班学习工艺美术。当时学校刚成立一个创新工作室，领导看张老师学习认真就挑选了她去创新工作室学习，其间张老师掌握了很多电脑软件，并考取了教师资格证。机缘巧合，2003 年湖北第二师范学院收购一个高职学校，张老师各项条件符合就去当了任课老师。后来，张老师又参加了 GCT 在职研究生考试，成功进入华中师范大学读研进修。毕业后，张老师进入大学，成为一名大学教师。其间张老师通过一次偶然的机会参加了湖北美术学院开设的非遗人群培训班，通过培训张老师对非遗政策和文化发展都有了进一步认识，觉得不能只做自己的事情，还要像火种一样把自己掌握的手艺与文化传承下去。于是，张老师利用自己的资源优势在课堂中积极讲授与非遗有关的知识，并在学校成立了工作室，通过让学生近距离接触木雕制作过程，培养他们的兴趣和认知。课堂和工作室，每次门庭若市，张老师自己都没想到学生们会如此积极。如今，51 岁的张老师既是武汉木雕市级传承人，又是武汉科技大学城市学院副教授、高级工艺美术师。

既是非遗传承人又是教学经验丰富的老师，张老师运用自己的教育资源优势有效地向学生群体进行了非遗教育，提升了他们对非遗的认识，也让他们切身感受到了手工艺品的制作过程，强化了他们的文化认同。张老师这个例子是很难复制的，不是所有非遗传承人都能具有丰富的教学经验和富有成效的教学方式，也不是所有教育工作者都能有深刻的非遗认知和高超的木雕技艺。但是，我们可以看到的是教育工作者与非遗传承人的结合点。非遗传承人一般都专攻非遗事业，要让他们掌握教育理念、富有成效地教育学生有些不太现实，所以我们可以尝试以这样的方式来建设我们的非遗教师队伍：①培养具有非遗情怀的青年教师，他们一般接受能力较强，而且拥有较好的教育理念。通过非遗相关学科建设，培养出具有非遗知识的青年教师，让他们用掌握的教育理念来进行非遗教育，是比较理想的。青年教师队伍是非遗教育体系的重要角色，他们拥有与年轻一代更相似的经历，这使得他们与年轻一代之间的沟通和交流更有效，更容易实现知识传递。此外，随着非遗保护工作的开展，长效性成为工作的一项指标，为了防止非遗教育出现"断代"现象，培养青年教师的意义也愈发凸显。②搭建平台，让非遗传承人群与学校教师充分接触，互相学习，取长补短。让传承人能在作为"专业"艺人的同时充当"一般"的非遗教师，让学校教师能在"专业"教师的身份下同时作为"一般"的艺人。比如，国家自2015年就开始实施的"中国非物质文化遗产传承人群研修研习培训计划"（简称"研培计划"）就是很好的例子，既增加了学员的学识，也促进了学校的学科专业建设能力和文化传承力的提升。截至2019年6月，清华大学等118所参与院校举办各类研培班668期，涉及传统工艺项目400余项，培训学员约2.8万人次，加上各地延伸培训，覆盖非遗传承人群9.7万人次。研培计划已经成为非遗保护与传承的一项基础性、战略性工作①。在研培计划开展过程中，传承人群与教师教学相长，有效地促进了非遗的传承。通过天津大学举办的研培班，河南省级木雕技艺传承人陈风军开阔了眼界，完善了知识体系。他认为以前手艺人文化程度低，对专业性的知识和概念都不懂，完全凭自己的经验去和徒弟解释，不仅解释起来比较困难，徒弟学起来也困难。但是通过培训，自己将经验性的东西得以深化，知道如何去表达和传授知识，使授徒传承的过程更加有效。此外，清华大学美术学院院长鲁晓波也谈到在两年多的研培工作实践中，学院整合11个系室的专业力量，形成了一支有较高水准的研培工作队伍，实现了"产学研"的高度结合，推动了相关专业的建设与人才培养②。所以，"研培计划"的意义不仅仅局限于传承人群，通过"研培计划"能培养一批优秀的非遗教师，而通过教师队伍实现非遗与学科的切实融合，能进一步带动学校学科建设。传承人群与教师之间密切地交流与互动使得非遗在发

① 中华人民共和国文化和旅游部：《文化和旅游部关于政协十三届全国委员会第二次会议第0205号（文化宣传类017号）提案答复的函》，http://zwgk.mct.gov.cn/auto255/201910/t20191028_848476.html?keywords=。

② 中国非遗传承人群研修研习培训计划与传统工艺工作站：《"校长谈研培"之——专访清华大学美术学院院长鲁晓波》，http://114.255.59.52/zgfyzt/mrtj/201711/2532f3ca86c44f95a545029fc9aa1075.shtml。

展与有效传承之间形成了理论与实践的有机结合体，有力促进了非遗的持续发展。

3. 开发课程

课程是对育人目标、教学内容、教学活动方式的规划和设计，是教学计划、教学大纲等诸多方面实施过程的总和。最早采用“课程”一词的是英国社会学家斯宾塞，从指导人类活动方面的诸学科角度来探讨知识的价值和训练的价值。如今，非遗的价值已不必过多言说，通过与教育体系的融合来增强人们的文化认同进而有效保护它，是我们面临的主要任务。其中，课程是教育体系中承上启下的一环，重要性不言而喻。课程是人类文化的缩影，要开发出既符合社会成员需求又对非遗保护有实际效用的课程存在较大难度。黄河口杨氏面塑传承人杨梅老师在开发传统面塑技艺课程时就遇到了困难：从题材和主题选择再到具体操作都是自己一个人，往往苦思冥想很久，但是开发出的课程却容易忽视学生的需求和能力发展水平，也难免遗漏一些重要知识点。费时费力又收效甚微一直困扰着杨老师。针对课程开发的困难，笔者采用了美国著名的课程论专家施瓦布（Joseph.J.Schwab）提出的实践模式去辅助杨梅老师。这一模式强调课程的实践价值和动态过程，追求课程的实践性，重视课程开发中结果与过程、目的与手段的统一，主张由校长、社区代表、教师、学生、教材专家、课程专家、心理学家和社会学家等组成的课程集体对课程问题进行审议，从而解决课程设置问题。集体参与课程审议不仅是做出合理行动决定所必需的，而且是参与者彼此互动、相互启发的教育过程。在实践过程中，本文第一作者负责联系对课程开发颇有心得的大学老师，杨梅老师负责组织学校部分领导、教师以及学生家长和学生代表，双方充分利用各自资源，将各方人员组织起来进行课堂开发的集体审议。我们从课程设置的目的、课程计划、教材编写再到课程涵盖的范围、实施乃至评价都进行了探讨，并在教学过程中吸纳各方反馈进行反复修改。目前我们仍然在对课程设置内容及教学方法进行商讨与改进。在实践过程中，我们发现这种模式的实施确实可以打破专家开发课程的思想局限，让学生、教师、家长等各方面人员都参与到与非遗密切相关的课程开发中来，并且注重实践研究，使开发出来的非遗教育课程更加贴近教学实际的需要和学生的实际发展水平。但是不难发现，要将不同行业的人员集中起来共同讨论此类课程开发的内容、方法及问题，存在一定难度，而且集体审议耗费时间，其效率也不理想。不过在信息化时代，我们可以充分利用现代信息技术打破时空障碍并拓展知识范围，灵活运用现代科技为非遗教育的课程开发减少阻力、添砖加瓦。

4. 开展教学

教学就是教师的教与学生的学共同组成的双边教育活动。教育活动最终要落实到教学中来,我们只有在教学中不断检验、反思、健全我们的教育体系,才能保证其健康运行。36岁的新乡市级面塑项目传承人刘玉伟老师,在自己第二任老师——著名民俗学者倪宝成先生的影响下,对面塑教学有着自己独到的理解。刘老师起初都会让学生通过捏造各种几何图形的面塑来模仿自己已经做好的“马”,他称之为“堆叠法”,认为学生通过捏造简单图形的面塑可以了解“马”的构造,并且每个人堆叠的方位和手法不同,制做出的“马”的形态也各异。通过“马”这一课,充分调动了学生的积极性,然后给学生空间去发挥他们的想象力制作其他动物,这样当进阶到传统的制作手法教学与相关传统文化知识教导时阻力就会小很多。

通过对刘玉伟老师的访谈,加之近期在“天津大学面塑制作技艺、木雕制作技艺研培班”与众多非遗传承人以及非遗领域专家的接触,比如中国民俗学会名誉会长刘魁立先生、山东大学一级教授刘铁梁老师、《文化遗产》主编宋俊华教授以及《民俗研究》主编张士闪教授等,笔者对如何开展好非遗教学有一些想法:首先应该要使教学活动符合非遗的特点,比如实践性、跨学科性、生活性;其次要符合学生认知发展的规律,并调动他们的主动性。德国教育实践家瓦根舍因(Martin Wagenschein)提出的“范例教学”模式和美国人本主义心理学家罗杰斯(Carl Ransom Rogers)的“非指导性教学”模式也为我们开展非遗教学提供了思路。罗杰斯曾说:“我发现当我不把自己看成教师的时候,我的课堂真正成为一个激动人心的学习场所。当我开始信任学生的时候,我常常在他们相互之间的交流中,在他们对课程内容的学习中,在他们作为一个成长中的人的发展中,发现一些令我意想不到的东西。”可见罗杰斯倡导的“非指导性教学”是要以学生为中心,教师要注重激发学生内在动机和需要,并借助良好的课堂氛围,促进学生学习。这种教学方式能使学生自身的潜力得以充分发挥,促进学生自我完善。但是这种模式有一个显著的弊端,就是教学内容散乱、不成体系,忽视了教学内容对学生的影响。瓦根舍因的“范例教学”旨在通过解说范例和推及类型从而揭示规律,获得经验。不难发现,“范例教学”很好地弥补了“非指导性教学”的不足,强调了教学内容的重要性,遵循从个别到一般、具体到抽象的认知发展规律,而且采用具有代表性的案例进行教学的方法十分符合非遗的特点。因此,以“非指导性教学”理念为贯穿原则,通过具体的非遗传承、发展、保护等的典型案例进行教学——既能调动学生的积极性和主动性,让学生在自由的空间里接受头脑风暴；又能使教学符合非遗的特点和学生认知发展的规律。刘玉伟老师其实正是这种方法的践行者，在尊重学生认知规律、调动学生主动性的基础上，通过“马”的范例性教学，让学生既轻松又愉快地学习面塑技艺、了解传统面塑文化知识，深受学生喜爱与家长认可，其经验值得借鉴与推广。

（二）在非学历教育实践中助力非遗保护

非学历教育，就是指学历教育之外的有组织的教育活动，一般来说这是一个人在某种环境中终身受教育影响的过程。社会生活的多样化，以及文化的多元化发展，推动着教育制度不断发展变化，单靠整齐划一的学历教育很难满足人民大众的需求。非学历教育有利于打破学历教育的垄断，越来越成为学历教育的重要补充。因此，通过非学历教育助力非遗保护，增强人民大众对以非遗为代表的优秀传统文化的文化认同，是十分有必要和有意义的。

1. 非遗的社会教育途径

社会教育是对人一生影响最大、最持久的教育，这是因为人是生存在社会之中的，整个生命历程都离不开社会的影响[①]。特别是在 1972 年联合国教科文组织发布了《学会生存——教育世界的今天和明天》的报告之后，继续教育、终身教育、终身学习等观念逐步深入人心，社会教育概念以及范围进一步扩大，在教育系统中发挥着不可替代的作用。社会教育内容丰富、主体多样、方式多变，我们不是要把非遗教育强加到社会教育的所有结构中去，而是要根据非遗的特点、传承人的生活需求与主体意愿，探讨非遗教育和社会教育的结合点。

（1）关注传承人开设的工作坊，在日常生活中“以点带面”、潜移默化地影响社会成员。非遗的生活性、实践性是其最为突出的特点，传承人也因为要专精于其非遗事业的传承、创造与发展，较少有时间从事教育活动。所以行之有效的一个办法是因人制宜、因地制宜地通过当地传承人的工作坊灵活地进行非遗社会教育和情感的陶冶。这也是让年轻一代切身感受非遗的生命力，潜移默化地影响他们的人生观和世界观的良好途径，有利于在他们心里埋下文化认同的种子。让他们体验到非遗活性的一面，明白非遗既源于生活，又融入生活，与生活密不可分，从而理解非遗不仅仅是书本上的概念，而且有着可以触及的实体，这个实体就是人们的日常生活实践。

（2）社会教育旨在创造良好的社会环境来使身处其中的成员持续受到影响。如何创造出有利于非遗教育的社会环境，便是我们所要考虑的。其中不得不提博

① 侯怀银，张宏波:《“社会教育”解读》，《教育学报》2007 年第 4 期。

物馆在这方面的作用。博物馆蕴含着极其丰富的文化资源,储存着人类历史发展的记忆和文化基因。应该发挥博物馆特有的亲民性和艺术性,开展有特色的非遗教育活动,并与学校教育相结合,开展好青少年的历史文化知识教育和人生观、价值观教育。除此之外,现代信息技术的高速发展,为我们提供了更为便捷有效的社会教育手段,扩大了社会教育的影响。计算机网络、电影、电视、慕课(MOOC)等,都可以作为非遗教育的载体,在人与非物质文化遗产之间构建起桥梁。

2. 非遗的家庭教育途径

中国人一直都很重视家庭教育,“一个人有没有家教”已经成为社会所评价人的标准之一。家庭教育是伴随人一生的,或许家庭教育的功效不会立竿见影,但是它对一个人的性格、品行和思想道德观的形成乃至知识的积累发挥着不可替代的基础性作用和潜移默化的渗透作用。要切实在家庭教育中做好非物质文化遗产保护和传承的教育工作,这其中家长的教育是最为关键的一环。正所谓“父母是我们的第一任老师”,父母的言传身教和示范作用对孩子的影响是巨大的,而且言传身教也符合非遗传承和发展规律。因此,父母应该有非遗知识的储备,并且对非遗有内在的文化认同和外在的传承模式,在实践生活中发挥亲子教育的优势。

在看到教育对非遗保护和文化认同增强的关键作用时,我们也应该注意到学历教育与非学历教育是相互补充的,二者结合才能构成完整且有效的教育系统,才能开展好非遗教育工作。

四、从非遗教育到文化认同的

中国本土非遗保护道路强化人们对非遗的文化认同,为非遗的传承、保护、推广和复兴源源不断地输送力量,离不开教育,教育是使非遗由内向外自发地获取生命力的关键途径。把众多的传承人与教育工作者结合起来,把非遗涉及的各学科人才结合起来,从而卓有成效开展非遗教育工作,走出一条基于文化认同的非遗保护之路,是我们所要追求的。

在对“天津大学 2019 年非物质文化遗产传承人群培训班”学员刘玉伟的一次访谈中,刘老师说道:“我们应该借助这次培训班建一个群,群里不只有木雕的学员,还要加上面塑的学员,这样大家可以分享彼此的销售渠道和制作技法,可以互相扶持,还得把授课的老师和专家加进去,经常指点我们。你是学教育学的,你也应该进群,为我们平时到学校授课出出主意,给我们编的教材提提意见。”这与本人的想法不谋而合。

非遗教育具有特殊性，教师不一定懂得非遗知识或者技艺，传承人不一定能开展有效的教育活动。虽如韩愈《师说》中所言："闻道有先后，术业有专攻"，但可以寻找一个结合处，先发挥各自优势，然后教学相长、取长补短，在互相学习中使双方都能有效开展非遗教育工作。但是问题也随之而来，2007 年、2008 年、2009 年、2012 年、2018 年，国家文化主管部门先后命名了五批国家级非物质文化遗产代表性项目的代表性传承人，共计 3068 人。国务院先后于 2006 年、2008 年、2011 年和 2014 年公布了四批国家级项目名录，共计 1372 个国家级非物质文化遗产代表性项目，按照申报地区或单位进行逐一统计，共计 3154 个子项。要知道这是没有加上区级、县级、省级的传承人和传承项目的数据。截至 2016 年，全国各级各类专任教师共计 1578 万人。其中，全国学前教育专任教师 223.2 万人，比 2012 年增长 50.9%；全国义务教育专任教师 927.7 万人，比 2012 年增长 2.1%；全国高中阶段教育教师 257.6 万人，比 2012 年增长 3.8%；普通高校专任教师 160. 2 万人，比 2012 年增长 11.3%；全国特殊教育专任教师 5.3 万人，比 2012 年增长 21.6%。如此庞大的群体，为我们寻找有效结合的人选增加了难度。

可喜的是，自 2015 年实施"研培计划"以来，该计划得到社会各界的大力支持和广泛参与，截至 2019 年 6 月，已有 118 所参与院校举办各类研培班 668 期，覆盖非遗传承人群达 9.7 万人次。我们应该利用好"中国非物质文化遗产传承人研修研习培训计划"，建好第一个"群"。从教育的角度来说，第一个"群"或许可以称为"非遗教育者共同体"。这是非遗传承人与富有教育经验的教育者之间通过教学相长开展好非遗教育的地方，既能发挥好各自的优势进行非遗教育，又能为彼此之间沟通、交流和学习创造平台。而且还有一个重要的作用，非遗传承人以前基本没有接触过这么多的"同行"以及教育工作者，无形中会提升他们的自信心和对非遗的文化认同，教育工作者以前也没有如此亲密地接触过非遗传承人，非遗传承人拥有丰富的非遗文化资源，他们无形中会陶冶教育工作者对非遗的情感、提升他们对非遗的认识和文化认同。这将是一个双向互动的过程，双方不仅可以发挥主体性能动地进行非遗教育，而且在这个过程中会潜移默化地带来双方对非遗文化认同感的提升。

还应该认识到，现在的各类学科是对人类本身所了解的文化知识的划分，作为优秀传统文化代表的非遗，自出生以来便带有不可磨灭的历史记忆与文化基因，会或多或少地涉及各类学科知识，要开展好非遗教育必然要运用到这些知识。因此还需要将不同学科中有一定建树能力的人与之结合起来，建立第二个"群"，这个群可以称为“非遗学科共同体”。“非遗学科共同体”一词，中山大学宋俊华教授先生已经提出，宋教授认为“它不是基于传统封闭的、依附性的、排他性的地缘、血缘、族缘或某种信仰、情感的共同体，而是建立在现代的、自由选择的、平等的、互利的契约性共同体，是以非遗学科为共同追求的，具有明确学科归属和学科意识的科学共同体。”① 宋教授的高瞻远瞩和开拓性的勇气是令人敬佩的，但从非遗教育的角度来看，本文所提的“非遗学科共同体”并不是以“非遗学科”为共同追求，而是以涉及各类知识的综合性非遗教育为共同追求，目的是非遗的教育性保护与传承。

通过“非遗教育者共同体”与“非遗学科共同体”开展非遗教育会造就出两类人才——通识性非遗教育人才和专业性非遗教育人才。通识性非遗教育人才是掌握综合性非遗知识和具有对非遗文化的普遍认同的人才，但是因为要求涉猎较多，所以很难有时间进行专门研究，通过通识性人才可以进行非遗通识性教育，也可以说是非遗综合知识的基础性教育。专业性人才是对非遗与某个学科的结合点进行精深研究，并能从某个学科角度进行深入的非遗教育，同时具有对非遗的文化认同，专业性非遗教育人才可以开展专业性非遗教育。但无论使用哪种人才或教育模式，都是当今社会发展和非遗保护所需要的。“非遗教育者共同体”和“非遗学科共同体”都是为非遗教育服务的，所以二者都应该被归入“非遗教育共同体”这个“大群”。这个“大群”包括从事非遗学历教育与非学历教育的、认同并有志于非遗事业的所有人员。

中国是国际上最早进行非遗传承人认定的国家，认定传承人的目的是非遗的保护和传承，我们应该活用“国家非遗传承人认定”和“中国非物质文化遗产传承人研修研习培训计划”政策，看到教育工作者和各学科人才在非遗保护、传承、发展中的关键作用，充分发挥各自的资源优势，走出一条中国本土的非遗保护道路———建构非遗教育共同体。

五、结语

中国自古以来就重视教育，早在《学记》里就曾说道：“建国君民，教学为先”，党的十九大也再次重申了教育先行对推进社会主义事业繁荣昌盛的重要作用。如今，非遗越来越受到各国的重视，面对非遗传承、保护、推广和复兴的历史使命，不应也不能忽视教育在其中所扮演的重要角色，应该通过教育发挥身处其中的人的主体性，在具体的非遗教育实践中不断探讨和完善非遗教育体系，并通过“中国非

① 宋俊华:《论构建非物质文化遗产学科共同体》,《文化遗产》2019 年第 2 期。

物质文化遗产传承人研修研习培训计划”创造的良好平台，将非遗教育中的传承人和教育工作者、各学科人才联系起来，打造非遗教育共同体，为非遗教育搭建平台。

通过对非遗保护的教育性方法论与道路的探究，以保证非遗教育工作得以有效进行，并在非遗教育工作中形成对非遗的文化认同和厘清其知识体系，然后通过教育的力量向社会大众辐射开来。这种自内而外的力量，是非遗存续发展的生命源泉，也是民族艺术与文化发展的应有之义。

第十一章　论三喻文化模式下非物质文化遗产传承困境及突破

作者：马知遥 刘智英
发表刊物：云南师范大学学报（哲学社会科学版）
发表时间：2019 年

非物质文化遗产由最初的形成、发展，直到当下的“后非遗时代”，它慢慢地从一个全民性的文化热题转变为全民性的文化事业。根据笔者团队多年非遗“断代史”的研究与跟进①，顶层设计与底层实践在不断地调整，发展与磨合，催生了许多新视角、新领域，每年都有围绕非遗的新研究热点，而“传承”这个词始终与非遗相伴而生，并且常议常新。这是因为作为活态文化的非遗，必须由人去延续，必然离不开传承。可以说，传承是非遗的核心与灵魂，而传承的核心又是传承非遗的人，它既是一个理论问题，又是一个与现实紧密相关的实践问题②。非遗的形成和发展是一代代传承人经过长期历史演变积淀而来的，当下各界紧紧围绕着非遗传承频频发力，就非遗的未来而言，完成自我造血的传承与发展是其最终目的。所以说，梳理非遗的过往，抓住当下非遗的命脉，更是一种思考非遗未来的可行路径。

一、当下非物质文化遗产传承的困境

非遗传承人的传承世代相传，势必涉及代际传承人的交流与互动，代际隔阂过大，传承推进荆棘丛生，代际隔阂越小，传承越顺利。而针对非遗的交流与互动根据笔者走访多地非遗以及查阅相关资料发现了诸多现实问题。（1）非遗传承链条

① 非遗断代史研究成果如下。马知遥、刘旭旭：《中国非遗著作研究述评》，《贵州大学学报（艺术版）》2018 年第 4 期；刘智英、刘旭旭：《2016 年非物质文化遗产学术研究述评》，《贵州大学学报（艺术版）》2017 年第 2 期；刘智英、马知遥：《2014 年非物质文化遗产学术研究综述》，《齐鲁艺苑》2015 年第 4 期；潘刚、马知遥：《2013 年中国传统村落研究评述》，《长春市委党校学报》2014 年第 6 期；刘旭旭、马知遥：《2012 年中国非物质文化遗产研究述评》，《长春市委党校学报》2013 年第 6 期。

② 祁庆富：《论非物质文化遗产保护中的传承及传承人》，《西北民族研究》2006 年第 8 期。

的断裂，传承人的年龄“居高不下”。比如，天津市国家级非遗法鼓——杨家庄永音法鼓传承人年龄平均集中在六十岁以上，其次是三四十岁，二十多岁的一个也没有。天津刘园法鼓传承人田文起向笔者谈起，“学这些法鼓除了我们这些七老八十的，就是些小孩儿，稍微懂点事的孩子，上学了，处对象了，就不愿意干这些了。”①（2）传承群体的不断缩水。作为法鼓的分支之一，挂甲寺庆音法鼓銮驾老会以前每次行会都有 400~500 人，行会的规模有着既定的规制，成就了法鼓恢宏的气势，而当下出会，出会人员严重缺乏，没有打旗，没有打执事。因为人员的缺乏，由原来挑两副茶炊子②行会，也变成了一副。（3）传承人后继无人，传承者自己的儿女不愿继承“衣钵”。山东省莱州市级非遗吕村年画，传到张同杰这一代已经传承了七代，而目前却面临着没有传承人的境况，他说：“（我）也想往下传，关键是没有人（愿意）学，我的小孙女说这些太土了，我也不知道为啥这些老祖宗留下来的宝贵财富在年轻人眼里看不上。等我哪天真鼓捣不下去了，这门手艺也就完了。”③

上述问题，归结起来，我国有着 5000 年的优秀文化、数量庞大的非遗，有着 3068 位国家级非遗代表性传承人，省、市、县级传承人数不胜数。十几年的非遗抢救与普查工作，发现了大量优秀的非遗项目和代表性传承人。说明目前非遗的“传”是有了，而“承”在哪？传承最大的问题是没人接，接不住，不敢接，不想接。这是非遗传承不得不面对的问题，也是现在与未来非遗的焦点。而这一问题始于相当一部分年轻人不愿意或不喜欢去认识非遗，而不愿意认识直接导致非遗的价值难以被发现，即使喜欢非遗，或者去学了，而学不久，即使学得久，却干不久，即使干得久，却干不好等，从而非遗传承陷入窘境。这些围绕非遗传承本身具体而棘手的问题，实际上是由代际非遗传承人处在不同文化模式对于非遗的一种认知与理解问题，从而导致传而不承的问题。

针对当下非遗传承的问题，笔者采用美国文化人类学家玛格丽特·米德就文化传承的问题提出的“三喻文化”理论，对非遗传承模式进行理论联系实际的思考。19 世纪，文化的现代概念首次由英国人类学家爱德华·泰勒以明确而完整的形式提出。它是“包括了知识、信仰、法律、道德、风俗和其他一切作为社会成员的人所学

① 调查人：马知遥，刘智英；调查对象：田文起；调查时间：2017 年 2 月 11 日；调查地点：天津市北辰刘园新苑活动室。

② 茶炊子，法鼓的重要道具，最初由皇宫流传出来，皇上出游时，需要带些吃的、喝的、玩的、用的，茶炊子就用来装茶壶、茶碗等用品，现在茶炊子没有最初的实用功能，仅作为表演道具。

③ 调查人：刘智英；调查对象：张同杰；调查时间：2018 年 12 月 18 日；调查地点：吕村张同杰家中。

到的能力和习惯的复合整体"[①]。虽然,之后基于不同学派关于文化的定义层出不穷,但是,此定义一直被文化人类学诸多学派,特别是进化论学派所推崇。美国文化人类学家玛格丽特·米德正是沿着这一文化进化观同时又异于泰勒文化的理性主义进化论,从文化传承模式入手,着重于文化的间断性,根据传授者与接受者传承文化的走向,提出了前喻文化、并喻文化和后喻文化三种文化传承模式。非物质文化遗产,其传承模式是以传承人代代相承的形式发展着的非物质性文化,因其自身类别的广泛,内容的丰富,视角的更迭,方法的多元和境域的开放,与三喻文化有着千丝万缕的联系。

本文以"三喻文化"理论为解读视角,从新的维度探讨我国"非遗"传承过程中的特点、困境,以及得出一些当下"非遗"传承人如何传承的启示,最终探寻处在当前文化传承模式下的"非遗"如何找到适合传承人的传承方式。

二、前喻文化传承模式中非遗的传承

前喻文化指的是文化自上而下的传承,是一种面向过去的文化模式。在这种文化模式中,典型特征是未来重复着过去,权威滋生于长者,晚辈对长辈的言传身教须全盘接纳,晚辈的文化塑形成为长辈可预期的代代相传的镜像。而这一文化传承模式类同于中国传统社会下的家长制,家长成了社会知识、经验、权威的代称,所有的习俗惯制有不容置疑的威严。诚然, 2000 年 5 月 18 日,昆曲作为"人类口头与非物质文化遗产代表作"入选,才隐约出现"非遗"相关的研究,直至 2003 年《保护非物质文化遗产公约》公布时,才真正意义上出现"非物质文化遗产"这一学术概念,但这并不能否定非物质文化遗产在传统社会文化情境中的出现。虽之前并未以非物质文化遗产这一概念命名,但这并不否认"非遗"的存在,这就同于文化定义出现之前,并不能否认文化存在一样,"非遗"那时更多的是以民间文化、民间习俗等姿态出现,但是,确实里面存在着当今社会中诸多"非遗"的雏形与前身,如国家级"非遗"济公传说起源于南宋末年并传承至今,二人转最早见于民国末年,等等。"非遗"在这种前喻文化模式中除了历时方面的存在,在共时方面,在现今诸多"非遗"探索与挖掘过程中,发现诸多优秀"非遗"大多存在于较为偏僻、闭塞或落后的地区,保留了乡土社会的民族文化,甚至还出现了与当代社会格格不入的原始社会中的珍贵"非遗",比如京族高跷捕鱼、黎族钻木取火等国家级非遗。当下"非遗"认定的意义更多是官方对优秀民间非物质性质的文化遗产的肯定而颁布的"勋

① 威廉·A. 哈维兰等:《文化人类学:人类的挑战》,陈相超、冯然译,机械工业出版社,2014,第 27 页。

章”，是为了起到有的放矢的保护作用。要想理解时空上的“非遗”前身和雏形的生存处境并试图启发当下“非遗”传承模式的建构，对存在前喻文化模式下的“非遗”传承特点研究是重要前提。

（一）稳定性

作为前喻文化重要特征，“整个社会变化十分迟缓微弱”“孩子们的前途已经纳入常规，他们的父辈在无拘的童年飘逝之后所经历的一切，也将是他们成为成人之后将要经历的一切”①。使得处在传统社会的“非遗”雏形与前身和相较于同时代仍然保留着传统社会文化模式的当下“非遗”，在前喻文化的稳定性下，长者口传史诗作为民族信仰和图腾延续给后代，长辈们集体进行的祭祀活动自然而然地复制给晚辈，不去过问为何要这样去做，只需本能地照做，这一前喻文化缺乏疑问的特性贯穿于前喻文化的两个特点中。同时，在集体类的民间活动、习俗表演等实践中，所有的晚辈能按照事先长辈传递给他们的模式和惯制进行着，哪怕是最不起眼的角色，他们并不会出现当下在“非遗”传承过程中时常出现的因过分的功利性而产生焦虑感。这也与前喻文化中缺乏自我意识的特性息息相关，因为所有的晚辈不会过多重视自我意识。前喻文化的“每一次变革都必须同化在人们的体验之中，并在每一世代的长者们的记忆和行为模式中加以贯彻”②，这使得“非遗”在这一社会中作为文化的一类实现濡化，并在世世代代中强化，渐渐地形成了集体无意识，每一代对于传承上一代的技艺、信仰、习俗、知识等的些许变革，都是在世代保留下的技艺和行为模式中进行的修修补补。在前喻文化中，“非遗”雏形或前身，或者与“与世隔绝”的当下“非遗”变革不会主动采用大刀阔斧式的变革，很好地实现今天所追求的“非遗”的原生态，“非遗”的本真性也不会受到多大的破坏。值得注意的是在前喻文化的稳定性这一特性中，传承的文化虽“和它们的生息之地休戚相关，但这生息之地并不一定是已经生活繁衍了数十代的固定区域”③。“非遗”名录中看到的诸多传承下来的文化遗产，存在不少诸如游猎民族、采集民族所申报的“非遗”，它们的原有文化空间不断变更，还有因自身历史的久远，不可避免会产生一些文化变迁、空间调适，但是由于潜意识的稳定性，每到一个新的开拓地，长辈都会带

① 玛格丽特·米德《文化与承诺：一项有关代沟问题的研究》，周晓虹、周怡译，河北人民出版社，1987，第27页。

② 玛格丽特·米德《文化与承诺：一项有关代沟问题的研究》，周晓虹、周怡译，河北人民出版社，1987，第28页。

③ 玛格丽特·米德《文化与承诺：一项有关代沟问题的研究》，周晓虹、周怡译，河北人民出版社，1987，第30页。

领着晚辈继续延续自己的文化记忆和生活模式。比如山东省莱州的省级非遗单(shàn)山渔号,前身是川江号子,在明洪武二年大移民时期,这帮四川渔民迁移到莱州单山村,吸收地方的方言、渔法等,“发明”了单山渔号,实则是一种川江渔号的延续。

(二)世代性

作为前喻文化的第二个特征,也是前喻文化的基础之一,即以生活在世的祖孙三代,即扩大家庭为单位家庭。在这种模式中,不仅仅是祖父母在培植父母时按照既定的传承模式走下来,同时,作为成年人的父母继续按照祖父母传承下来的习俗惯制对下一代言传身教,这里的父母仅仅充当了传递者、解说者的角色,其父母的权威虽然在有祖父母存世时未必显得那么强势,但是,其父母对祖父母的言听计从,全盘接纳更进一步起到了加强作为未成年这一代的父权意识的榜样作用,为其不断强化潜意识中的父权制和长者为尊的意识形态提供现世的模式。同时,这种文化下的缺乏疑问和自我意识的特性成为其模式的维护者,年轻一代不会去质疑传承模式,更不会标新立异,依然会沿着这种模式传承世代传承着的文化。按照传承的走向从权威性的传承者(老年)—阐释性的传承者(成年)—学习性的传承者(青少年)一直单向循环,“非遗”在这种文化语境中相较于核心家庭(有一个或两个家长和他们的后代组成的群体)而言,这种传承性的潜意识烙印要显得更加深刻和明显,从而更好地维系其连续性。这也是在这种重传承少变革的文化传承模式中,为什么现今在我国一些仍保留宗族制的地区或家长制完善的少数民族地区“非遗”传承,要比那些世代性传承断裂靠外力维系的“非遗”传承乐观得多的原因。

可以说,延续至今的非物质文化遗产很多都是在前喻文化传承模式下存留下来了;同时,前喻文化的稳定性和世代性特性十分利于非物质文化遗产的传承,充当了“非遗”代代相传的温床。这种文化所营造出来的传承方式的单向循环,小辈毫无疑异地接受长辈的礼仪准则、信仰习俗、知识技能等方式,正是老一辈技艺、习俗等得以保存下来的保障;但是,这同时也成为当下“非遗”传承的一个屏障。这一模式使得非物质文化遗产处于襁褓之中,一旦遇到大范围的、遽然的社会变迁或者战乱动荡非常容易被涵化,失去生存空间,濒临失传。因为这种文化模式中,长辈偏执于自己的权威维护,对外界的变化实行“闭关锁国”,但是忽视了社会发展中必会催生强势文化对弱势文化做出侵蚀的规律,这种不容新事物,重传承缺变革的前喻文化模式对“非遗”来说,太平盛世尚可明哲保身,但是一旦出现社会变革,毋庸置疑带来的将是灭顶之灾。这正是早期诸多手艺、戏曲、文学无法适应社会变迁而灭亡的因素。这一文化传承模式的优缺点是“后非遗时代”我们急需思考和面对的问题，“非遗”不仅仅要像金丝雀那样保护起来，而且要打开牢笼让金丝雀腾空而飞，传承下去。

三、并喻文化传承模式中非遗的传承

并喻文化，“基本特点是全体社会成员以目前流行的行为模式作为自己的行为准则”[①]。这种文化是同辈之间、同群体之间进行相互传授、学习的过程。并喻文化是一个“开放体系，它最明显的特征就是文化吸收，以便更好地适应它所面临的境遇”[②]，使得在同辈、同群体之间双向性地传承文化。这一文化传承模式在当下“非遗”传承之中较为盛行，准确地说，更多的是通过开放的公共平台，借助各异的交流手段，实现“非遗”更大更广范围的传播，最终目的是维持自己技艺、习俗等的传承。一方面，在传播的过程中，吸收一些同类的成功经验转为己用，使得传承人更好地去传承；另一方面，在传播的过程中，吸引更多的关注度，招揽这方面的传承人，保证传承者队伍的来源和品质。例如，2016 年文化部（现为文化和旅游部）联合山东省政府举办的“中国非遗博览会——传统工艺品及非遗衍生品展览展示”活动中，围绕“非遗”开展的诸多活动，美日韩澳等国家的传统文化代表团来华交流，吸引了诸多手艺人、传承人的青睐，各项“非遗”在同类交流过程中各取所需。2019 年 9 月 22 日农民丰收节，在山东莱州文化与旅游局召集下，进行了为期 3 天的面塑、大糖制作、老酒技艺等与粮食相关的非遗展示与交流，业内人业外人互相交流，切磋技艺，取长补短。审视并喻文化，并通过这一当下文化传承模式的特点，找到“非遗”传承人在传承中的特点和问题至关重要。

（一）多样性

在这一文化模式下，不同期望不同价值的文化被纳入同一个社会，文化的多样性和变化性成为并喻文化的重要特点。从 20 世纪 90 年代以来，在信息化、全球化的冲击下，以西方文化强势进驻中国，在文化方面争夺话语权。各类文化、各类信息铺天盖地，社会的流动性空前加剧，青少年获取知识的渠道已经不再局限于传统家长制的言传身教。尽管在儿童时期父母仍然具有一定的文化导向作用，但是，到

---

① 玛格丽特·米德：《文化与承诺：一项有关代沟问题的研究》，周晓虹、周怡译，河北人民出版社，1987，第 51 页。

② 金坚：《前喻文化·同喻文化·后喻文化——M. 米德〈文化和宗奉〉述评》，《上海青少年研究》1986 年第 10 期。

了青少年时期信息选择的多样化使得青少年转向同辈群体多数所钟爱的追逐点。这使得潜意识中的传统文化感情逐渐淡化，在由并喻文化所主导的时代，"非遗"传承不可避免出现传承困顿，表现为导致"非遗"传承人群体培养教育连续性断裂。许多"非遗"班子、社团、剧场、团体等在收徒选择传承人时，更多的是从小培养其情感，但是由于其多样文化的冲击和诱惑，诸多不同期望性的文化交织一起，纷涌而来，使得作为未来传承人的青少年在与同辈交流中，逐渐对自己所传承的"非遗"失去兴趣。例如，国家级非物质文化遗产朝鲜族传统舞蹈象帽舞传承人开始授徒时招揽了不少学徒，但是，随着时间的推移，日复一日地做着对青少年看来枯燥而单一的活动，使得传承人所剩无几，纷纷在一些流行文化的冲击下转行，使得象帽舞的传承师傅苦恼不已。无独有偶，国家级非遗滑石雕刻技艺代表性传承人王兆德曾向笔者说：

很多人看到我雕刻的（作品），都想学，最远的有浙江的、黑龙江的，拜我为师，我都会先给他们说明，学这个你可得做好心理准备，没个三年五载可出不了徒，即使出徒了，还要看个人悟性才能出精品，有的当时说回去考虑考虑，就再也没来了，有的干了一段时间也走了，坚持下来的到出徒的可以说几乎没有。这个我干了大半辈子了，哪能一下子就成功，现在年轻人浮躁得很，主要诱惑也多了，缺乏那个工匠精神，不像俺们那一代，一干就一辈子，尤其近十几年，学着学着就不来了的，太多了……①

科技进步、信息爆炸使得原来闭塞的生活空间变得开放，年轻的一代有了完全不同于父母、祖父母以及社会上其他年长者的经历，充当了文化传承代沟的分界线，这些虚拟的数字界限却往往成为传承过程中实实在在的壁垒。在"非遗"由长辈向晚辈的传承过程中，作为晚辈的未来传承者，由于受时代所桎梏，长辈和晚辈获得文化的途径，不同于前喻文化，二者喜好大相径庭，未来传承者们对同辈所喜爱的流行文化要比老一辈传承给他们的技艺、习俗等感情深得多，兴趣大得多。这些传统技艺，特别对当下已经失去实用价值、推广价值而且不能带来经济效益的一些珍贵"非遗"，他们作为传承人特别不能理解为何要耗费人力物力去维系。与"非遗"的总体传承人才需求对比，靠国家指定的传承者和少数几个人来维系是远远不够的。这也是并喻文化下带给"非遗"传承方面的困顿之一。

（二）变化性

当下家庭结构发生了巨大的改变，更多的是以核心家庭出现在人们的视野中，

① 调查人：刘智英；调查对象：王兆德；调查时间：2019 年 3 月 16 日；调查地点：莱州惜石斋雕刻艺术中心。

城镇就业人口激增，产业体系变更交替频繁，老式的四世同堂在当下已很难看到。当下核心家庭中的许多父母的思想也发生着变化，许多父母会持不让自己子女走自己老路的思维模式，使得当前青少年迅速从之前的“家国同构”的儒家父权制脱离出来。在同辈、同学身上找寻自己的定位。传统文化与流行文化对抗也发生着变化，电视网络文化日益盛行而传统戏剧无人问津，民间音乐的贬值与流行音乐的大热，传统节日的冷冷清清和洋节的门庭若市等等。“诸多的变化带来了年轻一代将接受赠予的新的文化遗产，并把这些文化遗产传承下去，”① 而这些赠予者不再是自己家庭中的父辈、祖辈，甚至也不再是自己宗族的族长，而是自己的同辈、同学、同事，他们构建了新的文化传承人。“传承人是个体经验与集体记忆转化、连接、传承的纽带。传承人不仅是某个具体的传承者个人，而且是存在于社会关系结构中个体经验和集体记忆的再生产机制。”而这种机制一旦在并喻文化传承模式中发酵升温，个体和集体的潜意识就会越来越让新的文化占据高地，时间一久，“非遗”的传承恐难有立锥之地了。对当下“非遗”传承来说，这是不得不让人思考的又一个困顿。

四、从前喻和并喻文化探寻非遗传承模式

前喻文化的传承模式在当下并没有结束，只是退出主流，而并喻文化作为主流的文化传承模式延续着文化传承的新模式。由于文化传承模式的变化，我们现在已经处在玛格丽特·米德所说的并喻文化的传承模式下，认清了这一模式的特点有利于发现问题，针对特点，结合问题，依据前喻和并喻文化传承模式的理论探寻“非遗”合适的传承方式。

（一）尝试性恢复前喻文化的传承模式

结合前文在前喻、并喻文化传承模式的特点来看，前喻文化模式下的“非遗”传承在原有传统社会是可行的，而且它的重传承少变革的这一特点也利于“非遗”的稳定发展。恢复这种传承模式在多元化和开放性的当下是不现实的，但是，可以通过一些折中的方法维护仍然保留着前喻文化传承模式的“非遗”生存的文化空间，如设立传统村落、历史文化名村、生态博物馆、文化生态保护区等。比如，山西省介休市的张壁古堡，就是为了保护堡中“非遗”和民间文化，把堡中民众集体迁移到离古堡不远的地方，平时还回到古堡中维持和重演各项活动，古堡中依然完整地保留

① 玛格丽特·米德：《文化与承诺：一项有关代沟问题的研究》，周晓虹、周怡译，河北人民出版社，1987，第56页。

了古代社会的整个文化形态。再如，城市的高速发展吞噬了郊区的土地，瓦解了原来存在都市边缘的村庄共同体。天津市刘园村采用集体搬迁的方式，2007 年在北辰区老城改造规划中，罕见地以村为单位进行整体性还迁。拆迁期间，全民集体外出房租居住。旧村拆除后，在原址上建成占地 150 亩的刘园新苑，村民纷纷回迁。刘家园村的村民绝大多数生活在距离刘家园村旧址不远的刘园新苑社区中。这种集体搬迁一方面保留了前喻文化的原有人文环境，地方性知识的群体共识继续延续，熟人社会的原有关系完整存续。另一方面，该村重要的国家级非遗法鼓作为全村的集体认同，相关的软硬件条件妥善安置，降低非遗传承的难度。2011 年，被天津市文广局评为“非遗”保护示范基地。在无法逆转大的时空发展性的背景下，笔者认为可以在特有文化空间内尽量恢复区域的原生态，使“后非遗时代”在立足于当下，找到之前“非遗”发展的有利模式并衍生出的新传承模式。

（二）建立两代人的对话制度

在“非遗”传承的问题和方式上，建立对话机制这一点鲜有学者关注，而笔者基于三喻文化的传承模式，认为在“非遗”未来传承道路上找到合适的对话机制十分重要和必要。传承是代与代的传承，很少在同辈人之间传承，因为它涉及文化的可持续性问题，这就肯定要涉及二者的交流。如果二者交流无障碍，互相欣赏，那是最佳的传承氛围，如若不然，就会造成传承人缺失的窘境。技能存在而人无法传承，最终还是会走向灭亡。究其原因，正是前喻文化的传承模式下残留在“非遗”中的正面价值的强势效应。因为传承的“非遗”具有内在的正面价值，“然而这种正面价值被顽固地包含在前喻文化意识所奠定的不容置疑的经验主义神坛之中，也就是所谓强势效应的庇护，从而造成民族文化具有了某种脱离动态的时代背景。”① 另一方面，就是青年人对于“非遗”的态度按照“并喻文化”传承模式谱写的剧本进行演绎。他们在同辈之间、在属于自己的群体崇奉着他们的偶像，一言一行、心理活动都开始向自己标榜的偶像看齐，他们投身于更契合当下年轻人心理、审美、消费的大众文化。而作为还处在前喻文化与并喻文化传承模式交织映射下的老一辈，仅仅在同辈之间、同行之间孤芳自赏，甚至抱残守缺，在传承过程中，往往把自己在“非遗”上的理念强制性灌输给下一代，而作为拥有近 4 亿年轻人的中华民族传承本民族文化的青年人却少之又少，照此下去，不得不担忧这一境况会愈演愈烈。这就会造成强势的大众文化越强势，而传统文化仅仅靠着国家和政府输液式的扶持艰难度日，归为文化范畴中的“五保户”。要想实现“非遗”低障碍、大范围

① 赵艳：《“并喻文化”：维吾尔族音乐文化传承的应有之音》，《贵州民族研究》2014 年第 1 期。

地传承下去，就应该建立和谐的传承机制，两代人和谐交流，联手传承，逐渐实现“父说父有理，子说子有理”的文化平权局面。让老一辈在了解、反思和传承自己手艺时做到推陈出新，在保持“非遗”本真性前提下实时进行流变性改革，不忘“保护为主”的初心；同时，也要秉持“合理利用”的理念，以实现“传承”和“发展”的夙愿。对于青年一代，多通过一些大众文化手段，让更多青少年做到喜爱“非遗”，有了喜爱，才能去了解和研究，才能做到在和谐的对话机制中更主动、自发地了解“非遗”，改变之前对大众文化过于执拗和对“非遗”的偏见，使得这一群体慢慢壮大，让传承“非遗”成为热潮。并且，在合适的“非遗”项目中培植出“个人英雄”，这利于吸引更多的人去了解并喜爱“非遗”。比如山东省莱州市省级非遗面塑，山上贾家村面塑艺人孙雪堂是十里八乡的“民间偶像”，已然成为一种地标性的人文风景线。我们当前处在并喻文化的传承模式中，要想在这模式中让自己的文化传承下去，作为老一辈的传承者在传授过程中，去了解接受者的一些喜好，这有利于“非遗”本身往下传承，消除传承过程中因为两代人沟通不变而形成的代沟；还能在“非遗”传承过程中找到一些利于“非遗”发展又不失“非遗”本真性的点子。比如，华阴老腔就找到了与青年一代极为追捧的摇滚乐相结合的点子，一“鸣”惊人，带来很好的效果。凉茶的酿制技术，在传承过程中既找到了与当下年轻人喜爱饮料相结合的卖点作为营销模式，同时，又坚守着传统家族式凉茶售卖模式。再如上文所述孙雪堂老师主动学习年轻人喜欢的文化，吸收了动漫元素，制作了喜洋洋、猪猪侠、哪吒等以动漫为主题的卡通包，吸引了大量年轻人的注入，使更多的人去关注传统。

把握尺度，避免“非遗”传承中后喻文化传承模式为导向。后喻文化是面向未来的文化传承模式，这一模式更强调的是创新，在后喻文化模式中要求传承者时刻保持年轻，它的走向是长辈从晚辈那里传承文化。按照这一文化传承模式，既能吸引当下时尚的青少年群体，因为未来的“非遗”传承依然靠的是他们，又能保证自己在传承过程中不会被当下的强势文化所取代、侵蚀、消解。但是，值得注意的是，创新的前提是不能丢掉“非遗”的核心，不能任意重构“非遗”本身，不能破坏“非遗”原汁原味的本真性。作为传承人不同年龄段对待非遗传承各有优劣。一方面，年轻的传承人对待非遗敢闯敢干，接触新思想较快，能与当下、市场较好对接，但是往往易偏离传承本质。青年一代自诩创新性，对“非遗”申报完成后，作为一些行业中的引导者，任意产业化、市场化。有的凭借利益驱动把“非遗”改得面目全非，仅仅把非遗当作谋生的手段，只要能够赚钱，甚至篡改非遗项目，依市场需求、群体喜好对“非遗”大动手脚,把传统文化统统放到当下的拍卖台中,伤及非遗内核,却做不到与传统、过去的对接。比如笔者调研浙江东阳木雕传承人时,这个青年传承人为了迎合市场欲将木雕改为新式材质,以获得经济上的“成功”,然而,对木雕技艺来说这显然是“伤筋动骨”。另一方面,年龄偏大的传承人更多地秉承着传统方法、理念、思想,在一定程度上对非遗固守大有裨益,但也普遍存在接受新事物较慢,在日新月异的当下大环境,一步慢,容易步步慢。所以,在两代传承中既不能保持之前文化霸权主义式的强制灌输,也不能走向任由青年群体凭喜好篡改“非遗”的情况,要完成当下与传统的双向对接。在“非遗”传承模式的把握上,做好适时调整,两代人在文化话语权上尽量持衡,互相影响,切忌后喻文化模式成为“非遗”传承的主流。这是在以并喻文化为主流的“非遗”传承模式中在恢复平等性过程中容易走偏的误区。而且,以后喻文化为导向也违背“非遗”传承模式。“非遗”作为文化遗产的一类,其传统文化继承性的本质以及自身必须有三代以上的文化传承,要求晚辈承接了上一辈留下来的技艺、手段、习俗,它的传承方向只能是长辈传递给晚辈。老一辈可以接受新一辈的创新热情,而这种接受仅是作为老一辈为了更好地传承非遗做出的努力,学习与利用新手段进行传播以更好地吸引传承人,实时地引导年轻人完成传承,并不是一种传统让位于当代的妥协。笔者认为要坚持学者刘锡诚对于“非遗”是否产业化的标准,即“不论采用何种方式,包括生产性方式和产业化方式,‘非遗’项目的核心技艺(而不仅是技术)和核心价值(原本的文化蕴涵)得到完整性的保护为前提,而不是以牺牲其技艺的本真性、完整性和固有的文化蕴涵为代价。”[①] 坚持这一原则,能让我们把握大的尺度,使后喻文化模式在并喻文化模式监视下为“非遗”传承融入更多活水。

五、结语

基于深刻认识非遗世代相传的重要性和迫切性这一出发点,借助三喻文化理论对不同文化传承模式下对非遗传承困顿与特点进行阐释,本身就是对非遗传承层面的一种认识与思考;然后,在此基础上就其理论与实践进行理解与分析,完成传承之道的再丰满与再构想。论文旨在传达出传承不是复制,一味地原封不动的崇古思维本身是违背文化发展的规律,当下处在并喻文化模式中,变化是常态,在不伤害非遗核心价值的前提下做出一些符合当下审美的作品,做出符合时代的动作,唱出贴合当下的韵律,并不就伤及非遗,与非遗传承背道而驰。相反,过分将非

① 刘锡诚:《“非遗”产业化:一个备受争议的问题》,《河南教育学院学报》2010 年第 7 期。

遗置于襁褓之中本身即是一种慢性死亡之举，只有尝试去改变才是去正视与解决非遗传承问题的开始，不要谈“改”色变。

要知道改变并不是颠覆，这种改变的尝试，在本文中是一种思维的改变，更多的是在非遗传承当前窘境下切合时代的“微整”。通过三喻文化传承理论的探寻，在“非遗”传承人传承“非遗”的过程中，尝试区域性恢复前喻文化传承模式，营造出一定空间内的原始生境，一个具备前喻文化特质下的微生态。非遗传承面向未来，是一个可持续发展的理论构想，一个孜孜践行的最终目的。它要落脚在年轻人，依靠源源不断的新鲜血液。这样非遗才能实现既有“传”亦有“承”。而实现这一点首先要让年轻人喜欢非遗，了解非遗，继而传承非遗。这就需要做到坚持在当前以并喻文化传承模式为主流的大环境下建立两代人平等的对话机制，以非遗有效传承为目的，立足传统，理解当下，拥抱未来，以年轻人更为理解与喜爱的方式去慢慢引导与吸引更多年轻人加入非遗传承中。这势必是一个缓慢的、艰难的过程，但一旦形成对非遗传承的裨益势必是深刻而又深远的。它能形成一种良性的传承氛围，一种发自内心的传承“交接棒”，从而使得氛围的营造不断影响着传承思维，最终形成一种同理、同心、同情、同志的非遗可持续性传承模式。与此同时，在由前喻向并喻文化传承模式过渡中，警惕让后喻传承模式成为主流，否则，会使“非遗”遭遇另一劫难。

第十二章　中国布老虎艺术及乡村振兴

作者：马知遥 刘垚瑶 马道玥
发表刊物：民间文化论坛
发表时间：2019 年第 2 期

一、八年之间的变与不变

2010 年我曾经对山东、山西、河南三省的布老虎艺术进行了实地调查，走访了四十多个村落，探访了一百多位民间艺人，最后形成了《布老虎寻踪》一书。八年前我对当时布老虎艺人的生存现状做了归类，对这项非遗的特点进行了概括："崇虎的民俗心理更多地表现在妇女生育方面，如祈虎赐子，配虎保婴等。孩子未生之前，人们求子似虎；既生之后，则给幼儿戴虎帽，穿虎鞋，以像虎子，保子健康。"① 在调查中我们得知，在河南、山东一带布老虎被用于端午节辟邪和新婚时对新郎新娘的祝福等多个民俗活动中，布老虎的使用范围在当代也在不断延展。

（一）布老虎艺人的境遇分析

我们在调查中发现，有部分出于生计，专业制作布老虎的。有的纯属企业需要，哪一年需要什么就进行哪方面的布艺缝制。大多数从事布老虎缝制的是出于业余爱好，她们大多是 50~90 岁的家庭妇女。有的是单位退休职工，有的是农村妇女，闲散时间从事女红活动。这些女性每年做的布老虎不多，做布老虎，仅为了打发时间。她们大多从长辈那里继承了女红传统，能够掌握布老虎缝制的技术，而且能说出很多关于布老虎背后的习俗故事。在胶东的一个村落，我们当年采访的老太太李进花 79 岁，全村只有她一个人能做布老虎了，年轻人知道制作费功夫，赚不了钱也不来学。山东沂水的解祥芳当时刚退休，收过几个徒弟，可做一个布老虎需要半个月，费功夫，很快徒弟们就不干了。解祥芳的布老虎是当地的特色，非常精巧，我们后来在其他地方都没有看过重样的。八年后我了解到，解祥芳的手艺没有传人，当地人已经没有人再做布老虎。虽然我们在当地找到过类似形制的布老虎，

① 汪玢玲：《中国虎文化》，中华书局，2007，第 180 页。

但没有碰到过像解祥芳制作的这样精巧而用材讲究的布老虎。解祥芳出身在家境不错的人家，自小在家里跟姥姥学着做针线活。她做针线活尤其是布老虎比较有名，在生活艰苦的时期，很多人家来她这里讨要布老虎，留下一些点心和糖果作为答谢。当时她做布老虎获得的报酬比一个下地干活的男人来得多，也因此获得了家里人的认可和赞许。“当别人家没有粮食吃的时候，我给家里挣了一大屋子的好吃的。”

在山西潞城见到刘海兰的时候，她刚开了一个布老虎商店，在城里租了门面房，楼下卖布老虎，楼上做卧室和工作间。刘海兰有商业头脑，给自己的布老虎起名叫“潞王虎”，所做的布老虎在当地销售，谁家生了孩子来买一个，生意算不上好也算不上坏。八年后，我打电话邀请她来天津进行传承人培训，她带着两个徒弟一起来了。她自豪地告诉我们，目前开了 3 个工厂，她是董事长，带着几十个徒弟，主要做枕套，接受来自杭州商人的订货，每年纯利 200 万，同时还在继续做潞王虎，销售也不错。通过多种经营，她保住了布老虎手艺，培育了品牌，还带领村民致富了。在天津大学培训期间，她面对中央电视台的镜头说：“我只上到小学三年级，做梦都没想到能到天津大学上学。”刘海兰的身世坎坷，中年死了丈夫。为了抚养孩子上学，她凭借自己的手艺养家糊口。现在 3 个厂子已经交给儿子管理，她专心带徒弟，感到很满足。

这几个艺人八年的历程似乎都在告诉我们，村里的生活在发生变化，她们个人的生活也在随着时代的变化而变化。有的因为没有把手艺传下去的心思，年轻人又不喜欢，就没有了传承的热情；有的因为自己的产品产生了效益，于是开门收徒，不断扩大影响。还有的艺人们八年前就靠纯手工的技艺吸引了国内外客人，因为在边远山村，也没有走出大山的意愿，因此还是保持了纯手工家庭作坊式的劳作。

（二）布老虎艺人的优势与劣势

民间艺人的布老虎风格各异，即使是一个地方的，她们的作品也有不同的特点。这些民间艺人的优势在于：①她们大多是农村家庭主妇，住在偏远的乡村，这样反而使手艺没有受到太多外来文化的影响，保持了古朴的地方特色；②大多是纯手工制作，没有受到大机器生产的影响，她们长期从事布老虎制作，在当地小有名气；③受家传影响，她们对布老虎艺术背后的文化内涵比较了解，熟悉当地的艺术风俗，布老虎制作有其独特的文化源头。

她们的劣势：①长期在农村生活，她们基本上不懂得市场规律，作品也大多是周围人因为习俗需要前来购买，价格不高，销量很少；②受到机器化大生产和粘贴卡通虎的影响，她们的作品受到很大冲击，创作积极性也受到很大打击；③由于制作时间长、耗费精力，价格不高，她们基本上找不到更多的继承者。

这些概括了八年来我观察到的基本现象。艺人手工精湛，作品无法和已经兴起的机器化生产的布老虎争夺市场，本来就比较局限的生存空间被抢夺，艺人们的生计和传承受到严重影响。

（三）布老虎保护和发展的雏形

调查中我们发现，当时的布老虎保护和发展已经形成一定趋势。各地布老虎艺人开始有意识地申报传承人，以获得政府支持。一些艺人已经自觉地成立企业，自己生产自己销售，这样的方式应该是最早的保护和发展方式之一。山东沂水的赵娟芳的布玩具厂年生产布老虎 20 万个，忙不过来时就把订单分发到村民家里，让他们通过缝纫机加工制作，老虎身子里填的是刨花废料。这样的布老虎不易保存，很容易发霉。而且她制作的布老虎基本上没有手工刺绣工艺，批发每个卖 3 元钱，市面上卖 5~10 元。当时销量很大，主要销往附近的农村集市，据说莒县一带不仅生孩子需要布老虎，结婚也需要买一对布老虎送给新人。赵娟芳的布老虎销售业绩那么大，就因为当地有虎文化崇拜和婚姻生育习俗。在山东潍坊，我们发现有两个地方布老虎销售也不错。一个是孙美兰母女俩的布老虎销售点，一个是王永胜的布艺销售点。孙美兰母女俩的销售点接到一个订单，一次性要 40 万个布老虎，要求在两个月内完成并送货，听说是销往东南亚一带。母女凌晨三点就在装车，把已经做好的布老虎样子分发到附近的乡村里去，让他们加工完成，然后公司回收计件付费。村民们完成一个完整的布老虎赚手工费 15 元，市场售价 50~80 元不等。

山西一个叫锦绣坊的公司，也是一家农户自己办的，经营者号称走遍中国，吸收了所有布老虎制作技艺的精华，自己设计了锦绣虎。他的锦绣虎一年销售收入也在 70 万 ~80 万元，为了满足国内外越来越大的订货量，他新进了德国机器，老虎的头脸通过机器一次成型，基本上符合了大批量生产的需要。他声称自己开始了半手工生产布老虎的工作，因为纯手工的布老虎出售价格不高，量也少，满足不了市场需求。当问到他这样做，是否有可能挤压了刚刚复兴起来的传统手工布老虎的生存时，他不置可否。他认为，通过机器大批量生产也是在宣传非遗，赚到的钱反哺纯手工制作，这也是一种可行的思路。但实际上，机器化生产真正反哺纯手工制作了吗？这一直是我产生疑问的地方。前一阵做非遗传承人研培计划，我邀请了这个很早就开始机器化生产的民间企业家，想让他谈谈这些年来销售布老虎的经验。他谈到最多的是他的企业一直在发展，大家都想靠非遗来挣钱是不现实的，布老虎这些年产值是在提高，但发展太慢。他认为非遗不创新不可能发展。

我们认为创新是必要的，没有创新的非遗必然走向末路。但在创新中应该首先尊重当地文化多样性，在继承布老虎传统风格的基础上适度进行，同时还要兼顾非遗手工制作的独一性。尽管“公司＋农户”的销售方式扩大了布老虎的销量，但真正的传承人，那些凭借手工生活的民间艺人的利益在机器化生产中显然受到了很大冲击，处于劣势。

二、布老虎的保护与发展

2018年，文化和旅游部、教育部、人力资源和社会保障部联合出台《中国非物质文化遗产传承人群研修研习培训计划实施方案（2018—2020）》。该项计划要求2018年至2020年，在全国范围遴选约100所高校、科研机构和相关单位，每年组织开展约200期研修、研习和培训。2018年在天津大学举办的中国非物质文化遗产传承人（布老虎技艺、葫芦雕刻技艺）培训班，是对布老虎艺人八年后的再一次近距离接触和深入沟通。

（一）和八年前一致的情况

和八年前比较一致的地方有以下几点。首先，这些民间艺人大多没有离开自己原来居住的地方。手工作坊式的操作模式还是大多数艺人坚持的方式，布老虎艺术保持了最初看到的水准，地方特色明显，非遗需要保护的元素得到了很好的体现。其次，大多数艺人年龄偏大，超过70岁的艺人几乎已经不再动针线，因为眼神不好，做出的东西已经不如从前。和过去一样，他们会受邀参加一些大展，自己能参加制作的精品越来越少。展览上买的人少，拿的人多。第三，更多的艺人还继续在为自己的未来担心和发愁。因为他们的作品销售价格上不去。和市面上的卡通粘贴虎和机器生产的布老虎相比，他们的价格又偏高，销售受阻。第四，大多数艺人的生活状况并没有得到根本改变。

（二）和八年前不一样的地方

和八年前不一样的地方有以下几点。首先，年轻的艺人们加入进来，民间艺人的队伍在壮大。这些新加入的艺人大多也是村中没有出去打工的媳妇们，她们留守在村里是为了照顾家中老人和孩子，平时挣点零花钱。其次，有些会电脑操作的年轻人开始关注网络，通过建立网店的方式销售布老虎。山西的苏丽丽就是通过网店展示作品获得关注的，每年的订单都在20万个以上。由于个人生产能力有限，她需要扩大规模，吸引更多的同道一起经营。类似想法的年轻民间艺人急需苏丽丽这样的人去帮助他们销售产品。第三,一些艺人经过摸索,找到了产品的市场,通过和南方一些商人联系,他们出产品,南方一些经销商为他们谋划市场,逐渐打开了销路,典型的有山西长治刘海兰女士的潞王虎系列手工作品。

八年间,有些艺人们已经退出传承的队伍,很多艺人增加了传承的勇气和信心,但他们的实际生存境况仍令人担忧。在2018年7月的非遗研培班里,来自河南灵宝的张红立,是布老虎班里寥寥可数的男性民间艺人,手艺超群,做的灵宝布老虎以手工刺绣和渲染为主,完全继承了当地的布老虎特色。结业时,他提出自己面临的一个困难,他和师傅张月慈一起做成的3米长的布老虎,参加了河南省里的展览,好评一片,却没有单位愿意收购,把它运回家里,放到现在,产生不了经济收益。目前家里经济紧张,他对手艺的传承开始动摇。

“乡村是具有自然、社会、经济特征的地域综合体,兼具生产生活、生态、文化等多重功能,与城镇互促互进,共生共存,共同构成人类生活的主要空间。”① 目前的非物质文化遗产主要集中在乡村,而乡村振兴离不开非物质文化遗产的发展。但仅仅注意硬件环境的改变,不注意非遗传承人的生活水平的提高,将会使很多非遗传承人失去传承的兴趣,转向别的行业。《乡村振兴战略规划(2018—2022年)》中指出“基本原则之一为坚持农民主体地位。充分尊重农民意愿,切实发挥农民在乡村振兴中的主体作用,调动亿万农民的积极性、主动性、创造性,把维护农民群众根本利益、促进农民共同富裕作为出发点和落脚点,促进农民持续增收,不断提升农民的获得感、幸福感、安全感。”② 没有作为乡村主体人的积极参与,调动不起他们对自己手艺的自豪感,非遗的保护和发展可能反而会在乡村振兴中丧失。“主体性是一个与人的生存状态相关联的问题。通俗说一个能够把自己与周围世界区别开来,有意识地以自己的活动能动地满足自己生活需要的存在,他就一定是一个主体性存在。”③ 雅斯贝斯认为,“要在交往中保持人的主体性和个性就要把彼此作为非对象化的存在来对待,即人与人之间交往中要把对方当作主体来对待。”④ 在非遗保护中,长期以来一些专家以高高在上的启蒙姿态来指导民间文化的保护和发展。在他们眼中,民间生产、精英挑选是非遗保护工作中需要坚持的可行方法。

① 中共中央国务院:《乡村振兴战略规划(2018—2022年)》,http://www.gov.cn/zhengce/2018-09/26/content_5325534.htm。

② 中共中央国务院:《乡村振兴战略规划(2018—2022年)》,http://www.gov.cn/zhengce/2018-09/26/content_5325534.htm。

③ 尹岩:《现代社会个体生活主体性批判》,上海人民出版社,2009年,第1页。

④ 尹岩:《现代社会个体生活主体性批判》,上海人民出版社,2009年,第25页。

可是实践告诉我们，非遗传承人有自己的主张，他们根据时代和生活的需求会对自己的手艺进行调适性的改造和发展。他们应该有表达观点的权利，他们也应该有继续受教育深造的权利。从杨雅琴和刘海兰这两位自小在乡村长大而且靠乡土艺术成长的艺人那里，我们看到了传统女性的自强自立，同时她们也一直在寻求更多的渠道获得更大的自尊。她们希望自己的手艺被更多人认可和喜欢，她们的最大愿望是提高自己的水平，精益求精，能够上更大的舞台，把自己的东西推销出去[①]。她们表达了作为一名民间艺人最真实的想法。在一个发展的年代，如何把自己继承的传统发扬光大并且还能获得体面的生活，是她们最关心的事情。“自主生活是个体充分发挥自己主体性而表现出自觉、自强、自律、自为和自由相统一特征的个体生活，也是从积极的个体主体性的角度表现出来的个体生活状态。自主生活的个体主体性特征就是自觉、自强、自律、自为和自由的统一。”[②]

（三）发现的问题

目前，国家开始提高国家级传承人和省级传承人待遇，但大多数传承人并没有什么称号，他们得不到非遗保护给他们带来的荣耀和经济收益。很多非遗项目，比如布老虎艺术掌握在广大的农村巧手手中，她们中不乏技艺超群者，但能够成为国家级或省级传承人只是极少数人，大多数人得不到国家资金的支持，更不要说更多的机会和荣誉了。

调查中我们还发现，国家级和省级传承人的水平有时也值得怀疑。有些国家级传承人做出来的东西甚至不如一个没有称号的民间艺人的作品。这也让我们反思，是不是非物质文化传承人称号不能终身制，需要不断地根据作品传承情况来做调整。否则非但不能鼓励传承人积极性，反而会打击大多数传承人的积极性。

非物质文化遗产缺少推广和营销的有效手段。非遗经纪人队伍的培养和建设应成为当务之急。多数非遗传承人掌握着精湛的技艺，却不是经营的能手，既能传承非遗又能经营的人少之又少。所以，帮助非遗传承人经营、提高作品的知名度、改善生活恐怕需要专业的非遗经纪人队伍帮助他们完成非遗产品从生产到销售的过程。同时，经过熟悉市场掌握市场营销策略的经纪人的帮助，非遗传承可以根据需要做一些创意产品，利用传统的技艺翻新产品内容和品种，这是对非遗的发展而

① 这段观点来自对 2018 年来天津大学进行布老虎刺绣技艺培训班培训的学员刘海兰和杨雅琴的访谈。在她们看来，她们的手艺用来需要挣钱养家糊口，过去是这样，现在也是这样。她们希望自己能做出更多大家喜欢的东西，所以需要经常到大城市来了解市场，和更多的学员交流。

② 尹岩：《现代社会个体生活主体性批判》，上海人民出版社，2009，第 298 页。

不是破坏,是对非遗的积极保护而不是消极等待。民间文化有自己的调适性变化和稳态性传承的特点。它们总是随着时代的变化在做着微调,寻求生存之道。我们不能一味要求非遗一成不变,不能要求非遗必须在地化保护而不求发展。非遗的保护应该以人为本,以提高民众的生活质量为目标,在生计得到保障和改善后积极保护和发展非遗,让非遗的成果在进入日常生活中获得民众认可和喜爱。没有使用的非遗是注定没有出路的。为非遗找出路,就需要让它们重新回到起点:为生活,为百姓服务。基于这点共识,非遗传承人对自己的手艺开始产生更大的兴趣和信心。艺人们基本认可:需要将非遗重新融入日常生活中去,用手艺改善生活;提高手艺的同时,创作贴近生活符合人们审美情趣的新作品。这一行为是思维的更新,也是当前非遗保护观念的革命。一句话:死保只能保死。

十多年的非遗保护实践已经证明了这一点,没有创造、没有发展的非遗保护一定不是彻底的保护,因为其持续性得不到保障。为了维护大多数民间艺人的利益,激发更多艺人的积极性,目前的非遗代表性传承人制度似乎应有所修正。对于那些有广泛群众基础和影响力的集体项目,设立代表性传承人的意义已经不大。

小结

最后我们从国家乡村振兴战略的大局来看非遗在乡村振兴中的作用。在国家《乡村振兴战略规划(2018—2022年)》指出:“立足乡村文明,吸取城市文明及外来文化优秀成果,在保护传承的基础上,创造性转化、创新性发展,不断赋予时代内涵、丰富表现形式,为增强文化自信提供优质载体。”[①] 非物质文化遗产作为传统文化最为精粹的一部分,理应成为乡村振兴的中坚力量,理应顺应时代的发展,立足乡村文明,为增强文化自信提供优秀的成果。在我们当前的非遗保护工作中,有一种声音曾经影响了保护工作者和传承人,那就是:所有的非物质文化遗产都要保护,都要“原汁原味”地保护。这个持续了十多年的保护理念,在当代新的形势发展中,在人们实践活动的真实体验中终于显示出其局限性。非物质文化遗产本身就是民间文化的一部分,它具有随着时代变化而发生调适性变化的特性。它拥有稳定不变的一面,同时也具有不断变化发展的一面。我们无法将目前看到的保留下来的非遗定义为“原汁原味”,“原汁原味”这个所谓的保护原则本来就是“伪命题”。最原始的、最原初的非遗究竟是什么,哪个朝代的才是“原汁或原味”?所有

① 中共中央国务院:《乡村振兴战略规划(2018—2022年)》, http://www.gov.cn/zhengce/2018-09/26/content_5325534.htm。

当代的非遗，相对于现在都是古老的，但不能确认它们就是最为古老不变的样式。"非物质文化遗产的动态性和活态性应始终受到尊重。本真性和排他性不应构成保护非遗的问题和障碍。"这是非遗的特性所决定的，它总要主动适应时代而生存，否则非遗将会失去使用价值而很快就被淘汰，这不是哪一个人说了算的，时间和需要决定一切。

在乡村振兴的今天，我们明白一个道理，很多丰富的非遗都藏身于乡村，或者它们还存活在乡村生活中，被村里人使用。有一些已经开始消亡，是长期不再使用的结果。一些民歌很好听，但没有唱歌的场合和活动了，就会消失。乡村振兴不仅仅是让村民过上很好的物质生活，更要让村里的优秀传统文化发扬光大，让传统文化在经济发展、乡村振兴中发挥作用。"传统的民间文化仍然主要是老百姓的日常生活中所崇尚和遵循的理念和准则。"[①] 珍惜的非遗一开始就有凝聚人心、鼓舞士气的作用；能够带动一方百姓致富，能够让他们通过绝技绝活获得更大的声誉，从而带动旅游发展；在结合城市人的消费需要、大胆创意的基础上，将传统元素和现代时尚元素结合，走出一条雅俗共赏的路子，这些创新发展不是破坏非遗，相反是激发传承人的创造活力。在进行了近三年的传承人研修研培计划中，我们看到了传承人进入高校学习的积极性，看到了传承人并不是不想学习，而是过去没有机会，而艺人们一旦经过高校专业的学习，通过和大师们的交流，他们的创造灵感将不断涌现。一些经过研培的学员将自己的刺绣成果和时尚设计师的产品组合在一起，就出现了奇妙的结果，既能从设计师那里看到世界潮流性的追求，又能从细部看到民间艺术的魅力。从时尚女装到皮鞋、女包、首饰的设计，非遗的工艺已经开始渗透到城市文化中。这是非遗创新的一个重要标志，同时也为乡村振兴提供了一个讯息：古老的作品有自己的魅力，但它们还需要在当代增添新的魅力，让更多的年轻人开始靠近并喜爱它，进而能够主动传播和选择它，这就需要有符合当代审美需要的作品。我们不是要剔除非遗本身，而是在不断保护和发展非遗的同时，对非遗资源加以利用，大胆创新，为非遗提供自我造血能力，中国乡村的布老虎艺术也当如此。在此过程中，我们还是要清醒地认识到：哪些是非遗作品，哪些是创意产品。创意是为了创造财富，保护和反哺非遗，非遗是创意的源泉，为创意提供思路和资源。两者只有在互补中发展才有出路，而在我们的乡村振兴中，非遗的作用一定会得到彰显。

---

① 刘锡诚：《非物质文化遗产理论与实践》，学苑出版社，2009，第64页。

第十三章 非物质文化遗产与民间信仰的艺术表达

作者:马知遥 刘垚瑶
发表刊物:山东艺术学院学报
发表时间:2023 年第 4 期

一、民间信仰的介质载体

民俗学家钟敬文先生在《民间文学概论》中谈及对民间信仰中的神灵崇拜时写道:“民间信仰是在长期的历史发展进程中,为了满足生存和发展的需要,特别是心理安全的需要,在民众中产生和传承的一套神灵崇拜的观念、行为习惯和相应的仪式制度,是人类社会在一定阶段中的产物。”“这些民间神或为民间真实存在过的人,因其德行,在其死后被当地尊为一方的守护神,成为道德的榜样和祈福的对象。”

杨庆堃在《中国社会中的宗教:宗教的现代社会功能与其历史因素之研究》一书中提出了“弥漫性宗教 (Diffused Religion)” 的概念,认为弥漫性宗教与制度性宗教 (Institutional Religion) 相对应,指代神学、仪式以及组织与世俗制度和社会秩序及其他方面的结构和观念所密切相关的信仰活动。

由此可见,民间信仰在宗教中占有重要位置。马滟宁将神性与宗教的概念进一步细分,认为谈及宗教更倾向于对宗教的特征和性质的定性表述,神性则是对信仰对象呈现状态的表达。

民间信仰往往依托于一定的介质载体进行表达。该介质载体大致可分为:自然物、器具以及人。

其一,自然物。自然物是最古老的原始崇拜的产物,常见的是太阳、动物、植物以及相应的图腾崇拜。并不是所有的自然现象都具有介质性,往往是某类自然现象与该地区生活的人类息息相关,因而赋予了相应的民间信仰。比如:太阳。人们认为太阳有超越人类的能力,可以将意识寄托其中,以祈求相应的庇护。在古希腊,太阳神在希腊拥有着众多的神庙;在埃及,太阳神被奉为至高无上的神,人们认为所有的生命都由他创造;在中国,拉祜族有非常传统的祭祀太阳神的活动,当地人会在每年的立夏日前往太阳神庙举行祭祀仪式。此外,山、河、湖、海以及土、石、风等自然物因其与人类的生产生活产生关联而寄托了当地人的某种精神诉求,人们甚至把它们当作生活的一部分而将其拟人化,例如:将山神拟人化为五岳之神、将海神拟人化为妈祖、将河神称为河伯。有相应动植物信仰的人们,会将该区域内的动植物保护起来,甚至在有些地区,动物或植物演化为当地的图腾。图腾 (Totem) 一词,源自北印第安人鄂吉布瓦人的方言 (Totam),意指“他的亲族”,“他”指代被崇拜的对象,主要指植物、动物,或者衍生出的图腾;“亲族”是指崇拜图腾的成员,当地人认为人与植物和动物之间存在着某种血缘关系。衍生而成的图腾是当地的保护神、族群的象征。例如:彝族的虎图腾、仡佬族的葫芦图腾等。

其二,器具。器具以象征或隐喻的手段将某种情感表现出来,例如:民间信仰中的“筷子神”,旨在占卜和测孕;或表现为在少数民族地区相关祭祀仪式中佩戴的面具,面具角色与当地的神话传说和历史人物相关,表演者在仪式过程中具有了指代性,人们在那一刻将其视为神的化身。

其三,人。这里的人分为三大类型。第一类指确实存在于现实中的人。如在当地具有良好的德行,给百姓带来较大帮助的人,或已逝世、或仍在世,人们为感恩其帮助,为其修建祭祀空间(祠堂、庙宇、寺院等),尊“人”为“神、佛或圣人”。第二类是已经逝去的先祖,人们将先祖赋予了神性色彩,祭祀先祖以不忘祖训,规诫自身。祖先神从小到大依次为:家族祖先、民族祖先、部落祖先、氏族祖先以及远古的先祖或始祖。但并不是所有逝去的亲人都可以算作祖先神,祖先神往往是整个部落、氏族或家族的继承人或有功之人。例如:民间认为最早的女性始祖是女娲,最早的男性始祖是伏羲。第三类是各类宗教中的神灵形象,人们制作类似人形象的造像,来作为信仰的寄托,因而造像便不再是造像本身,超越了物质的呈现。

民间祭祀活动往往与农历传统节日相关,例如农历二月初二祭龙神,三月初三祭伏羲,三月二十三祭海神妈祖,五月初五祭河神,八月十五祭月神,腊月二十三祭灶神,等等。部分地方会在这一天举办相应的民间祭祀活动,祈求身体安康、家庭幸福、远离灾疫、好运相伴、团结和睦,从而获得精神上的安慰。布老虎、泥泥狗、花馍等带有祈福性质的民间传统工艺品以及蚂拐舞、傩戏等传统舞蹈、戏剧、音乐和曲艺等多彩的艺术表演形式也随之出现。随着社会的发展、文化和科技水平的提高，人们的思想观念也在逐渐变化，一些祭祀活动改变为大家走亲访友、亲人团聚的节日或者艺术类的表演性活动、传统的生活习惯等。

苗启明认为信仰是原始思维的主体，信仰和情感决定着原始思维的性质。爱德华·泰勒在《原始文化》一书中提出了“万物有灵”的观念，即关于神灵物的一般信仰，精神的信奉在实践中转为实际的崇拜。由于所有的神灵都来自人内心的创造，人们的民间信仰仪式过程其实是一种内在的情感交流，头脑中意象运作的自我反馈与再反馈，起到了一种自我消解、自我调节的作用，从而达到一种和谐与平衡。即便在当下看来这是一种虚幻的行为，但也无法将其全盘否定，认定这是一种消极且没有价值的行为。原始文化中的原始思维蕴含着信仰色彩，但随着经济文化水平的提高，人们的观念也在逐渐更新，以适应当下的社会。但也不能完全将所有的民间信仰与封建迷信相等同，而是应当包容和尊重各个民族的文化，取其精华，去其糟粕，保留和保护文化的多样性。

二、民间信仰的原始艺术呈现

原始艺术 (Primitive 又称 Tribalart)，即人类在史前社会所创造的艺术，以及世界进入了文明时代后，原始民族所创造的艺术。原始社会的艺术行为带有群体色彩，正如前文所提及的信仰活动一样，某一行为或符号是带有集体色彩的，即艺术本身就带有群体色彩。将原始艺术与人文艺术进行比较可以发现，原始艺术是感性的、直观的、真挚的以及神秘的；人文艺术是诠释的、反省的、理性的、虚饰的。可以简单总结为，原始艺术是表达其所知，人文艺术是表达其所见。马克思认为，人类认知世界有四种方式，分别是：理论的、实践的、宗教的以及艺术的。艺术是一种表达个人感觉的过程，是由人们感官所能看到的方式创造出来的。音乐、语言、舞蹈、绘画、雕塑、装饰等，都属于艺术范畴，人们借由物质材料来表现感觉过程。海德格尔认为，艺术作品的存在为世界开启了神性的领域，并且艺术作品在运作中始终守持着这个世界。原始艺术与民间信仰紧密关联，甚至可以说民间信仰是原始艺术的灵魂。

原始艺术中的装饰本意并不仅是装饰，而是表达一种实际意义的标志和象征，表达一种固有的思想内容。美国民族学家弗朗兹·博厄斯在《原始艺术》一书中所说：“世界上不论哪个民族，不论其生活多么艰难，都不会把所有的精力用在食物和住宿方面。而生活条件较好的民族，也不会因为没有食宿的困扰而终日无所事事。所以即便是最贫穷的部落也会生产出自己的工艺品，从而获得美的感受。生存资源较为丰富的民族，自然会生产出更为丰富和多样的艺术品。”原始艺术源自劳动中的发现，所有的原始艺术形象都由人所创造，并被赋予人类的情感，那些自然而然被物化、对象化、外化的情感对象，可被称为原始艺术。劳动的目标是生产一种具有使用价值的物质产品；而艺术的目标是创作具有审美价值的精神产品。因而，原始艺术与原始劳动并不能完全等同，但物质生产与精神生产在很长一段时间内，一直处于交融发展的状态。在原始文化中具有日神和月神信仰，在与此相关的戏剧、壁画、雕像等艺术活动中，人们向其传达着共同的意识，是内心世界象征性的表现，美国学者冈布里奇 (E.H.Gombrich) 将这一行为称为“投射”。

原始艺术既是写实的，又是抽象的。考古学和民族学专家认为，最早艺术作品源自抽象的符号，甚至在几何图形出现之后，才出现了写实性的绘画作品。并非所有的几何图形都是抽象的，难以找寻依据的。格罗塞在《艺术的起源》中对此进行了相关的例证，认为花纹图案并非依据几何图形的构图，而是天然的来自动物身上的图案，例如：十字花纹来自蜥蜴，多样的折线和菱形花纹来自蛇皮，齿状的菱形和多边形花纹来自蜂窝的造型，等等。此外，蛙、鱼、鹿、鸟类等动物图像的装饰图案，多见于陶罐和壁画图案中，且所绘制的形象呈现由繁到简的趋势，也体现出原始思维中的艺术思维呈现一种由具体到抽象的过程。

人类最初的装饰都源自于大自然，但要经过人为的加工和修饰，被赋予相应的审美价值。例如将贝壳串成项链，将羽毛做成头饰，等等，即人类最初观察事物或现象时是处于功利的视角，而后才以审美的视角来看待它们。笔者在前文提及，图腾崇拜是一种信仰的寄托，人类将很多图腾符号被绘画或者雕刻在器物上，来表达内心的崇拜之情。例如，半坡氏族将鱼的形象绘于陶罐等器物之上，将其视为保护神，绘出了鱼身人或是人头鱼等各类纹饰。

在原始艺术中，岩画类作品也同样具有民间信仰的代表性价值。朱狄曾在《原始文化研究》一书中对此评价道：“它是人类文化史上一个特定阶段的标志，其所表达的意义甚至是后来完善化了的艺术所不能替代的。它在粗糙的崖壁上创造出了一个虚幻的空间，这个空间代表了人类的创造，它有着真实的自然空间所不具备的特殊的地位。它不是重视自然，而是在解释自然。它不断地对它的创造者和观众施加着影响，甚至不同时代的人们都可以对它进行多样的解读。”岩画的制作主要通过凿刻和涂色完成，人类多使用尖锐的石器或木棍凿刻线条，然后使用动物油脂和血液借助动物羽毛和植物的茎叶上色。其他多种颜色，源自天然的赭石、矿物质颜料、植物汁液以及木炭。正如格罗塞所言：“他们用有限的工具描写极尽其自然。”岩画中存在较多的太阳形象，也侧面反映着当时人们对太阳神的崇拜。在印第安语中，“太阳”一词含义为“给予生命”。例如在广西左江崖上的岩画中，太阳在当地代表着多子多福、子孙兴旺，是一种生殖崇拜；在内蒙古阴山岩画图案中，展现了很多人跪拜在太阳神下祈祷的图景。此外，对生殖的崇拜也体现在一些植物神中。以云南沧源岩画中的“出人葫芦”图像为例，在图像中直观呈现的是人们围着一个圈形的图案，并有很多人形呈现渐次远离的趋势。多位民族学和人类学学者对此圈形图案进行了猜想与实地论证，最终认定为横卧的葫芦形图案，而这些人都出自葫芦之中，印证了云南佤族地区“葫芦生人”的神话。表达着人们对葫芦神的生殖崇拜，也象征着对“多子”的诉求。在原始先民们看来，植物如同人一样拥有着生命和情感，也有着自己的父母和孩子构成的大家庭，并世代繁衍，生生不息。并且他们认为植物比人拥有着更强的繁殖能力和更长的寿命。

将葫芦视为民间信仰中生殖神的崇拜，也体现在一些装饰艺术中。例如在云南临沧的南美拉祜古村，将葫芦神视为当地的图腾，多样的葫芦艺术造型装饰遍布整个乡村。村民们对葫芦的图腾崇拜源自流传当地的洪水神话，相传很久以前爆发了特别大的洪水，人类的祖先为了不让人类灭绝，便将五十对男女分别放入了五十只大葫芦中，随后五十只葫芦飘散各地，繁衍生息，其中有一只葫芦便漂到了云南这片土地，而葫芦里的那对男女此后便成了拉祜族的祖先。因而，拉祜族的祖祖辈辈都将葫芦视为当地的图腾，村民们将葫芦籽装饰于衣领，悬挂在门前或者屋梁、将葫芦做成农具或乐器，等等。人们会在每年农历十月十五日至十月十七日，举行盛大的葫芦节，以表达对葫芦的“崇拜”之情。因而，某类原始艺术的生发依赖于一定的环境，离开了这一环境原始崇拜的目的性和关联性就会减弱，但也正是因此，不同地域的文化和信仰出现了区分，造就了多彩的原始艺术文化和民间信仰的艺术表达。

所有原始艺术的产生都不是“个体”的创作，而是一种集体意识的外露，也反映着一定的社会观念。正如英国美学家李斯托威尔在其著作《西方近代美学史述评》一书中写道：“原始社会中的艺术活动如同他们的信仰一样，是一种集体或社会的功能，而非个人的功能，是全体成年人共同劳动的成果。原始艺术毫无例外是属于氏族的。”以原始文化中的萨满艺术为例：萨满 (Shaman)，在狭义层面仅指萨满教的巫师，萨满教具有显著的原始氏族部落的特征，崇尚万物有灵。但又因其“可以与神进行对话”这一特征，将其广义化为所有具有特殊能力的祭司，使之成为神与人的中介。因而人们相信在萨满施法的过程中，从他口中说出的话都出自“神”。从某种相似性程度而言，戏剧艺术源自最早的萨满祭神的活动。古希腊的喜剧和悲剧都来自原先与生殖崇拜相关的“酒神祭”之马人剧和羊人剧。其中的马人和羊人便是通俗意义上的“戴面具的人”。中国戏曲源自古代的乐舞，古代的乐舞又源于古时的巫事。在古代，凡巫者必能舞，“巫—舞—乐”是结合为一体的构成。许慎在《说文解字》中写道：“巫，祝也。女能事无形以舞降神者也。象人两褎舞形。舞，乐也。”楚国诗人屈原在《九歌·东君》中写道：“鸣篪兮吹竽，思灵保兮贤姱；翾飞兮翠曾，展诗兮会舞。”在《九歌·东皇太一》中写道：“灵偃蹇兮姣服，芳菲菲兮满堂，五音纷兮繁会，君欣欣兮乐康。”两者均对歌舞祭祀太阳神进行了描述，如同萨满在这一天身着绚丽的服饰，配合着乐器的演奏，在其中载歌载舞的场面。从巫到舞，再到戏，也是中国戏曲艺术的演变之路。从娱神再到娱人，从原始巫术再到原始艺术，民间信仰的表达始终在演变中继续，直到体现在流传至今的非物质文化遗产中，人们对美好生活的向往从未改变。

三、非物质文化遗产中民间信仰的艺术体现

非物质文化遗产中的民间信仰依据笔者在前文的论证，更多与地方民间习俗相关联，也不乏各民族共同的信仰类型。对于部分非物质文化遗产而言，对其保护的核心不是表层所见的物质遗产，而是肉眼所不可见且根植于人们内心的非物质的“图腾”，其中的艺术色彩甚至与原始时期的神灵崇拜一脉相承。甚至可以理解为，是将“艺术前的艺术”分化扩展为“原始艺术的分支”。

非物质文化遗产中民间信仰的艺术体现在民间文学、传统戏剧、传统舞蹈、传统美术以及民俗大类中体现较为显著，也是原始艺术传承与发展中沿袭较为紧密的几大类别。古时的祭祀仪式与当下的节日活动息息相关，例如广西壮族的蚂拐节（又名蛙婆节）、云南彝族的跳虎节、各地土家族的牛王节等等。此外，从民间流传至今的神话，作为非物质文化遗产民间文学类的重要组成部分，并非仅是口头或者书面文字的存在形式，还被扩展为一系列的歌舞和仪式活动。正如马克思所说：“所有的神话都是在想象的过程中，通过想象来征服自然力、支配自然力，并把自然力形象化。”例如流传于河北冀州涿鹿的蚩尤戏源于《黄帝战蚩尤》的神话，云南德宏阿昌族的长篇诗体创世神话《遮帕麻和遮米麻》中，相传遮帕麻和遮米麻是阿昌族的始祖，也是当地民族崇拜的善神和保护神，每年在阿昌族的节日庆典仪式中，人们会念诵《遮帕麻和遮米麻》并举行相应的歌舞活动等。此外，藏族的藏戏源于本民族的宗教活动和佛教仪式，满族的跳家神源于萨满教的祭祀仪式，畲族的祭祖

乐舞源于盘瓠作为民族祖先的神话以及相关的祭祖仪式，广西壮族的师公戏源于健康与生育女神花婆的诞辰仪式，等等。此类戏剧与舞蹈与当地的祭祀历史息息相关，如果抛开了相关的祭祀仪式和民间信仰去研究或是去发展当地的戏剧与舞蹈必然是空洞的。流传于中原和西南地区的傩舞和傩戏是较为代表性的例证。傩，是通过表演者佩戴人物角色面具并通过相关的肢体动作，配合相应的乐曲来进行的一种驱鬼除疫的仪式活动，傩舞、傩戏和傩祭的演出一般以当地少数民族地区相关的祭祀活动有关。

非物质文化遗产中的傩文化历史悠久，早在原始社会末期，《古今事类全书》中便记载了："昔领项氏有三子，亡而为疫鬼。于是以岁十二月，命祀官时傩，以索室中而驱疫鬼焉。"在商周时期，《周礼·夏官·司马下》也记载："方相氏掌蒙熊皮，黄金四目，玄衣朱裳，执戈扬盾，帅百隶而时傩，以索室驱疫。"进而再到汉唐时期《汉书·艺文志》等著作中均有对傩祭仪式的记录。可见，通过傩祭驱鬼除疫的活动在当时十分盛行。傩祭直至宋代转变为傩戏，《东京梦华录·卷十》中写道："至除日，禁中呈大傩仪。并用皇城亲事官、诸班直载假面，绣画色衣，执金路龙旗。教坊使孟景初身品魁伟，贯全副金镀铜甲装将军。用镇殿将军二人，亦介胄，装门神。教坊南河炭丑恶魁肥，装判官。又装钟馗、小妹、土地、灶神之类，共千余人。"由记载可知，傩祭的扮演者不再是巫师一人，而是扮演了不同的角色，教坊也成了傩祭的主管单位。由此可见，傩祭在向傩戏转变，傩仪式也在从娱神向娱人转变。在宋元时期，中原地区戏剧艺术逐渐盛行，傩戏艺术逐渐向西南地区传播。以西南地区土家族为例，许多人将"傩公"和"傩婆"视为始祖。这源于当地洪水神话的传说，相传在上古时期民间发生了特大的洪水，只剩下了伏羲和女娲兄妹二人，两人为了人类的延续遂结为夫妻。后族人将伏羲和女娲视为始祖，并尊称为"傩公"和"傩婆"。随着傩戏的逐步发展，傩戏主题也逐渐从原始崇拜走向了日常，百姓的生产生活的内容也逐渐融入其中。

民俗类非物质文化遗产中的民间信仰多体现在及节日节庆仪式以及庙会活动中。在节日节庆方面，有如农历八月十五祭祀月神、腊月二十三祭灶神等较为普遍的节日祭祀活动，也有部分地区在农历二月初二祭龙神、三月初三祭王母娘娘、五月初五祭河神等地域性的民俗类节日活动。在庙会层面，庙会是以祠庙为相应的依托进行的相关神灵的祭祀活动和民间大型的集会。例如：每年农历六月二十三日长沙火宫殿火神庙会、农历二月初二的淮阳太昊陵庙会、阳历三月三十一日的山东泰山东岳庙会等。

民俗类节日节庆活动以农历二月初二龙神祭祀活动为例。龙被视为中华民族的图腾，也被视为雨神、农业神、水神、求子神等，承载着人们对庄稼丰收、风调雨顺的寄托，以二月二龙神祭祀为主题的河北范庄龙牌会、内蒙古车辅渠村的九曲黄河灯会等等，都被列入了《中国非物质文化遗产名录》。在吉林，这一天出生的孩子名字里要带“龙”字；河北会举办二月二龙抬头文化节，部分乡村还保留了汲水引龙的习俗；山西有舞龙、祭龙神、引钱龙、剃龙头等活动。据笔者调研，山西代县阳明堡镇九龙村在二月初二这一天有大型的龙神祭祀活动，几乎这一日村民的所有活动都与“龙”息息相关。在这天村民们会一大早相约去山上接山泉水并将泉水带到家中，寓意将钱财与好运引入家中，俗称挑水引钱龙。而后，在村中九龙庙前举行舞龙、奏乐、请龙神、祭龙神等集体性祭祀活动。在庙前广场上，村民们也会自发地组织扭秧歌、滑旱船、踩高跷、舞龙、舞狮、演奏地方民间小调等民俗活动。在饮食方面，附近的村民们都会制作春饼，称为披龙皮，吃饺子称为安龙眼，吃面条称为理龙须，等等，人们把这一饮食过程简称为“扮钱龙”，表达着人们对龙神的敬重和对新一年美好生活的希望。

民俗类庙会活动以农历六月二十三日长沙火宫殿火神庙会为例。民间火神信仰源于最初对火焰的崇拜，对于原始先民而言，火具有重要的生存意义。在《淮南子·汜论训》中有：“炎帝作火，死而为灶。”可见，灶神因为与现代人生活接近，亦被称为火神。长沙火宫殿供奉的火神为祝融，火神同时也是地方的行业神，一些与火相关的行业工作者每年都会来此祭拜，例如：糕点、陶瓷、冶炼铸造等行业。此外，唱戏酬神也是火神庙会的主要内容。演奏的传统戏剧主要有花鼓戏、湘剧、木偶戏等，传统曲艺有长沙评弹。在火宫殿外，湖湘小吃打造而成的集市，也是主打以“火辣”为特征的地方文化宣传。从最初的火神祭祀，再到如今以庙会为牵连而扩散发展的地方集会，庙会正在以新的宣传形式出现在生活中。

装饰艺术在非物质文化遗产项目中同样体现在民间生活的方方面面。以布老虎制作技艺为例，布老虎主要流传于山西、陕西、山东、甘肃、河南等地，以多样的造型和憨态可掬的形象成为当地礼仪中的重要物品。相传，在伏羲的成婚之夜，由于羞于看到妹妹遂变成老虎的模样。此后，老虎便成了生殖繁衍的象征，人们便视老虎为生殖神。求子者在家中摆放布老虎一方面希望可以早生贵子，另一方面是带着对孩子的祝福，希望孩子可以像老虎一样强壮、勇敢、健康。民间还有在孩子出生后，在孩子身边摆放布老虎的习俗，布老虎在这一层面还代表着镇宅、驱鬼除疫的习俗内涵。布老虎从单纯的布偶样式，衍生成多种既实用又美观的物品，从服饰到装饰，从小孩用品再到成人也可以使用的装饰和挂件，即便布老虎的样式在逐渐多样化，人们心中对老虎的崇拜之情和精神内涵的表达始终蕴含其中。此外，人们又在各类布老虎的作品之上，发展出了更多的装饰艺术，将所有的吉祥除疫的美好祝福刺绣在上面。如在布老虎周身刺绣蛇、蜈蚣、蝎子、壁虎、蟾蜍俗称“五毒”样式于其上，寓意远离毒害侵扰；或是在虎身刺绣牡丹、兰花、荷花、竹子等吉祥图案，表达对他人的美好祝福。于是，布老虎便不再是一件简单的工艺美术作品，而是充斥着主观色彩的“图腾物”。

在山西代县，抓髻娃娃和生命树造型的花馍，体现着原始文化中的生殖信仰，人们借此来表达多子多福的希望。抓髻娃娃的造型类似于“蛙”，甚至可以追溯至蛙图腾的崇拜，而蛙象征着多子，加之白面娃娃的样式，是一种原始艺术中生殖信仰的传承。生命树是以树为造型的花馍样式，艺人们将面做的男娃、女娃、鸡、鸟、狗、鱼、兔子等面塑形象插在层层延伸且向上的枝干上，给人以生机和活力的象征。树，同时也是原始文化中一种图腾崇拜的象征，古时人们认为树有着生殖繁衍和抵御灾难的神性色彩。《山海经·西山经》记载道：“崇吾之山，在河之南。有木焉，员叶而白柎，赤华而黑理，其实如枳，食之宜子孙。”象征着树可以促进繁衍的民间信仰特征；《山海经·中山经》写道：“有木焉，名曰帝屋，叶状如椒，反伤赤实，可以御凶。”投射着树可以趋吉避凶的功能。因而，民间生命树造型的花馍在丰富的样式之下，同样蕴含着远古至今的民间信仰色彩的期寄。

结语

在对非物质文化遗产进行保护的同时，也要正确对待其中所蕴含的民间信仰，树立正确的价值观念，去伪存真、去粗取精，促进文化的新陈代谢。在当下社会价值观的认同中，促成民众对原始文化和原始艺术与当下文化遗产保护与发展中观念的碰撞与理解，从而实现传统的自然蜕变与创新。非物质文化遗产具有丰富的历史文化价值，传承着各民族的原始文化基因与原始思维，是活态发展着的文化遗存。尽管部分非物质文化遗产已经不具备原有的文化功能，但仍然在以见证历史的身份，与当下的生产生活产生关联，保护与传承非物质文化遗产的精神价值和文化价值意义深远。

参考文献

[1] 钟敬文. 民俗学概论 [M]. 北京：高等教育出版社，2010.

[2]　杨庆堃. 中国社会中的宗教：宗教的现代社会功能与其历史因素之研究 [M]. 上海：上海人民出版社，2007.

[3]　马滟宁. 弥漫的神性：传统年画中的民间信仰 [J]. 民俗研究，2021（6）：135-143.

[4]　苗启明. 原始思维 [M]. 上海：上海人民出版社，1993.

[5]　爱德华·泰勒. 原始文化：神话、哲学、宗教、语言、艺术和习俗发展之研究 [M]. 连树声，译. 桂林：广西师范大学出版社，2005.

[6]　中共中央马克思恩格斯列宁斯大林著作编译局. 马克思恩格斯选集（第2卷）[M]. 北京：人民出版社，1972.

[7]　海德格尔. 艺术作品的本源 [M]// 海德格尔选集. 上海：上海三联书店，1996.

[8]　弗朗兹·博厄斯. 原始艺术 [M]. 金辉，译. 贵阳：贵州人民出版社，2004.

[9]　格罗塞. 艺术的起源 [M]. 蔡慕晖，译. 北京：商务印书馆，1984.

[10]　朱狄. 原始文化研究 [M]. 北京：生活·读书·新知三联书店，1988.

[11]　陈兆复. 中国岩画发现史 [M]. 上海：上海人民出版社，1991.

[12]　李斯托威尔. 西方近代美学史述评 [M]. 蒋孔阳，译. 上海：上海译文出版社，1981.

[13]　李立. 原始宗教艺术：界说与延展性讨论 [J]. 民族艺术研究，2014（3）：97-102.

[14]　邓元诚. 东京梦华录注 [M]. 上海：中华书局，1982.

[15]　刘安. 淮南子·汜论训（卷13. 二十二子）[M]. 上海：上海古籍出版社，1986.

[16]　马知遥，刘垚瑶. 乡村振兴与传统工艺类非遗保护和发展路径研究 [J]. 文化遗产，2020（2）：19-29.

[17]　袁珂. 山海经校注 [M]. 成都：巴蜀书社，1993.

第十四章　论非遗传承问题域的拓展

作者:马知遥 常国毅
发表刊物:中南民族大学学报(人文社会科学版)
发表时间:2024 年第 3 期

中国的非遗极具民众生活属性以及文化生命张力,是中华民族精神象征的一个当代话语中心。非遗传承问题就如同房屋建盖,一开始我们只是想找一块山清水秀之地,后来便有了材质、资本、人力、蓝图、施工等一系列问题。正如中国非遗保护专家魏力群先生所说:“我们的文化需要传承,也要符合时代。传承好非遗,就如同盖好房屋,造型要变,也要住得舒服安心,地基和受柱可靠,按社会主流或个人需求装修才不至于塌方。”① 房屋内所住之人的文化修养,也决定左邻右舍对这所房屋的最终评价。房屋与生活密切相关,生活即是人适应周围环境以及与自然和历史的互动实践,既有着主观的祈愿和客观的现实,又是一个彼此勾连的整体性问题。当下学界对非遗传承问题的探讨多是对传承的价值阐释和推动传承工作的具体案例分析,这类研究以其必要性成为一种主观愿景的文化表征,回答着非遗传承的重要性和方向。随着非遗保护和传承工作的深入推进,非遗传承已在这种文化表征的基础上发生扩展,成为一种与个体的生命、生活以及社会性问题紧密相关的问题域。非遗要立足于当下的生活,但如何立足,一方面是看非遗构成生活的比例,另一方面是看非遗对个体生命意义的建构。非遗的传承不仅要顾及传承的历史文脉、价值问题,也要顾及个体的生存发展和文化生活,归根到底是民众说好。笔者认为,当下非遗传承的问题域扩展研究,应涉及传承在当代中国的话语表达、传承与生存和生活的距离、传承人含义的双重性以及传承生态这四个不断递进而又互相包含、彼此建构的问题。非遗传承的问题域扩展研究,是为了使非遗在大众的日常生活中确切生效,恢复并扩散非遗在日常生活中的“自然性”,构建富有生命力的传承队伍和良好的传承生态,使得传承自发自觉。

① 调查人:马知遥、常国毅;调查对象:魏力群;调查时间:2023 年 2 月 14 日;调查地点:河北石家庄汇宁街三宏公寓。

一、传承在当代中国的话语表达：非遗传承的一个基本问题

（1）对于非遗的"原生态"与活态传承的必要回应

传承是非遗的生命延续，但在这条生命长河中应该传承什么？这是非遗传承必须面对的基本问题，而要回答这个问题，必须对"原生态"和活态传承进行回应。"原生态"的诉求是希冀找到一种归属于本土、真正的、未曾变异的文化。在这种语境下，非遗传承所指的就是其中具有纯正、原生、自然甚至永恒意义的文化成分。"原生态"的理想意义是值得思量的，在一定程度上也是对最本质的核心要素的叩问，但究竟推算到哪一个阶段、哪一种程度才算"原生态"，却难以明确。事实上，面对变动不居的社会历史、交流互鉴的文化生活以及需求和感悟不断变化发展的非遗主体的传承人，"原生态"只是一种被建构出来的幻想，将非遗从动态的文化进程中隔离出来。正如刘晓春所言："'原生态'与其说是一种非物质文化存在的本真样貌，不如说是学者与不同社会力量共同想象建构的产物。"

与"原生态"对非遗文化基因的静态思量方式不同，非遗的活态传承强调从"原生态"的静态本真中走向非遗文化基因与环境的动态交互关系中。这不仅是一种对文化存在形态的关怀，更是一种对文化生命力的关怀。保护一种文化的生命力，就是保护这种文化的现实性和成长性。所谓活态传承不是单纯地保存非遗的原始特征，而是要"保护、培育成长机制，保护文化群体的生命力延续与表达"。非遗作为综合性的人类实践活动，大浪淘沙下之所以仍能在时空中延续和存在，是因为其作为一种有生命的文化而存在。非遗的本质或者文化基因成分，并不是要与外在环境隔绝开来，而是在与变化着的环境的不断实践互动中，基于本质或文化基因产生新的可供生存的内在要素和基础，以此得到持续的认同感和获得感。活态传承的关怀也便在此。活态传承旨在关注非遗生命的延续和成长，面对环境的变化，活态传承使非遗拥有了进入现代中国的话语表达，不断拓展着非遗的生长空间和参与人类生活的机遇，唤醒着非遗的生命基因并助其新生。非遗需要传承文化基因，也必须关注传承本身与文化基因具有一个生成过程的客观现实。当下非遗的传承就是传承文化基因与特定的文化生态环境互动生成的现实的文化形态和持续的文化生命，而这一生成过程中的实践力、创造力、认同感和获得感是构成传承的基本要素。社会实践、观念表述、表现形式、知识、技能以及相关的工具、实物、手工艺品和文化场所都内含于传承发生作用的互动关系网中。

(2)文化时代下非遗传承的旨归与三层关切

文化是与自然相对应的概念,是人的一切活动和相关结果。随着商品的生产和消费活动的扩展,纯粹独立的自然难以找到,自然也被打上人的印记,在“文化生态”“文化空间”里成为文化的一部分。人类社会的活动越来越具有普遍意义,现代社会越来越成为一种文化意义上的社会,凸显的文化问题也愈发成为影响民族、国家乃至全球发展的一个重要问题。经济无疑是发展的关键,但经济的发展却引发了对发展本身更多的反思,发展究竟追求的是什么?发展的意义何在?谢弗通过对近代以来人类社会历史的考察,明确提出了一种新的时代划分,即经济时代和文化时代,认为人类正在步入新的时代——文化时代。文化时代以提高文化和文明水平为旨归,以文化为中心来看待事物及其发展,包含着经济世界观,体现出一种更加广泛、深刻并且也更具根本意义的对待生命、生活、现实、世界体系、人类生存状况以及大自然的方式。当下对这类问题的重新认识和探讨,赋予了非遗传承问题更多文化追求和价值取向的意义关切,最终也要落实到对人的生存发展意义的阐释上来。《保护非物质文化遗产公约》开宗明义地指出:“非物质文化遗产是密切人与人之间的关系以及他们之间进行交流和了解的要素,它的作用是不可估量的。”非遗与人的生存发展密切相关,非遗的传承既是一个人化的过程,又是一个化人的过程,如前文所探讨的那样,它的现实性、成长性和人类本身一样具有生命,“我们是文化的生产者,同时也是文化的创造物”。

非遗是历史中长期形成、积淀下来的被社区、群体或个人所遵循或认可的行为模式、价值观念,是社会生活和社会运行的某种习惯性的规则,以一种内在的方式对社会和个人发挥着重要作用。非遗的传承在文化时代关注着沿袭下来的生活和精神习惯,以及由此在日常生活中诞生的文化空间。非遗在这个场域内如同波纹一样向四周涤荡开来,互有交融,也致使彼此间的文化空间壁垒不断被打破、消解、重构。在此趋势下,对于非遗传承往往会形成一种文化回归的实践或对共同体文化基因的探寻,从而不断改变着日常生活原有的存在状态,为人类的生存意义提供阐释。国家级非遗代表性项目曹氏风筝工艺代表性传承人孔令民先生一句颇为接地气的话,恰能进一步阐释这个问题。孔先生说:“风筝有四艺,即扎糊绘放,教给人们如何去掌握这四艺和风筝的材料属性一样是物质的,而在四艺中教给人们如何做人、如何服务社会是非物质的。”[①] 风筝制作中,削薄如纸的竹片、勾笔上色的斟酌、图案的寓意表达和搭配、放飞的手法,既是对技艺技能的考究,也是对心性、品

① 调查人:马知遥、常国毅;调查对象:孔令民;调查时间:2023 年 2 月 11 日;调查地点:北京海淀区李家坟村。

格、旨趣的考究。非遗的传承不仅是传承历史积淀下来的如何“做事”，更是传承历史积淀下来的如何“做人”，二者彼此交融才构成非遗。当下对非遗传承的认知只有提升到这一层面上来，才能打破功利层面的局限，在更大范围内培养有更高自觉性的传承队伍。

作为非遗传承问题的旨归，对文化问题的关注实则是对人的生存发展问题的关注，而这种关注在非遗的传承上并非单纯存于抽象层面，而是在与自然、环境和历史的互动中分化出“三层关切”①。一是沉于心灵深处的文化，形成文化空间内个人与集体的惯性行为系统，或称为“文化模式”，具有整合与培植的功能。二是日常生活的文化，构成日常生活中的文化趣味、文化氛围、道德伦理、日常知识系统，为日常活动提供行为理由以及反思意识。三是形而上层面的文化，构成引导社会发展的思想观念，也是自我实现和解释环境的意义系统，为人的存在发展和社会历史发展提供最终的价值依据。对于非遗的传承而言，由于非遗资源的稀缺性和对优秀传统文化认知的提升，在一个阶段内，或许会过于凸显文明基因，诸如天人合一的宇宙观、仁者爱人的互主体观、多元兼容的文化观、义利统一的价值观等，来宣扬优秀传统文化的价值，却忽视了行为实践和日常生活的显性文化，导致传承意识增长而传承实践力却不足；也会由于对非遗重新进入日常生活急迫性的考虑，反而在生活场域中造就了大量同质性非遗元素的附加，造成非遗审美疲劳的同时，也难免流于生活表层，似乎回到了非遗“日用而不觉”的状态，却难有深层价值依据上的传承动力。作为一种综合性的宝贵的人类文化活动，文化时代下非遗传承的三层关切，不是文化割裂，而是相互贯通的三个层次，贯通文化惯性、日常生活以及价值追求，成为推进文化自信自强的重要力量来源。非遗传承的三层关切也可以对非遗的历史性做出解释，即便有的非遗真的因为无法存续而进入博物馆保存，但它的踪迹和影响或许还存留于生活中的某个环节中，也或许内化于其他的非遗和文化中，成为我们文化整体的一部分。

二、传承与生存和生活的距离：非遗传承的路径和动力问题

传承与生存和生活的距离变迁，产生了非遗传承的路径和动力问题。当传承与生存的距离较近时，构成了非遗传承的生存传承路径；当传承与生活的距离较近

---

① 丰子义在《当代文化发展的理论审视》一书中对文化的概念进行梳理时，认为文化提供了人类存在的意义系统，论证了人类存在的意义世界，并将文化分为三个层次。这里是对丰子义观点的化用。参见丰子义：《当代文化发展的理论审视》，北京大学出版社 2021 年版，第 38-39 页。

时，构成了非遗传承的生活传承路径。两种主要路径暗含着不同的动力机制表达，在传承的话语表达基础上进一步回应着何以有效传承。

(1)传承成为生存依赖：生存传承及其动力机制表达

何为生存传承？在传统的农业社会中从事非遗工作，是个体维系生存做出的一种选择，非遗以其日常生活的实用性成为本体的主要存在方式，发展为公共文化而得以建构非遗从业者的社会性躯体，折射出一个时空、地域、社会的信仰习俗、审美品位和风尚趣味，以其为个体生存所依赖并提供生存资本而得以实现传承，可以称为"生存传承"，复现的是人自发的生存活动，是一种文化生命。社会历史条件的转变促使非遗的文化价值彰显，关照着日常生活的方方面面，并对现实进行覆盖，但并不能穷尽个体生存的方方面面。要唤醒生存传承活力，除了个体的反思外，还需要关注非遗与传承人生存能力的契合性。

生存传承虽然在结果上使得传承非遗表现为传承人维系生存的活动，但其背后却有着两种截然不同的动力机制表达。第一种是纯粹地将传承非遗视为生存依赖，这种传承忠实、努力且持久。当下面对巨大的就业竞争压力，从事非遗工作很难成为青年一代的生存优势，这种纯粹的生存传承在青年群体中还未真正培育起来。然而，对那些因身体等原因限制而为谋生所困扰的人来说，非遗能成为一根救命稻草，给予他们生存的希望，被他们捧在手心，为我们守住非遗并为传承提供一层保障。在对京西皮影非遗项目所属的北京龙在天皮影艺术团的调查中①，笔者发现，面对濒危的皮影艺术，有三种类型的传承人培养模式随着艺术团的艰难创业和繁荣过程相继出现，对于生存传承这种动力机制的探讨来说是一个典型案例。一是以老一辈艺人为主。老一辈皮影艺人在长期的实践中掌握了较为完整的艺术体系，将老一辈皮影艺术家集中起来，也是为了保护并传承好皮影艺术。但容易出现人手不够、剧目老套与重复等问题，这一度使得龙在天皮影艺术团亏损严重。二是留下几位主要的老艺人，并重点培养年轻人。年轻人一开始可能出于好奇，但面对日复一日的操纵训练手法和唱腔学习，很难坚持下去，况且从事皮影演艺工作学习时期长，工资回报低，远不如其他职业，除去爱好很难有学习和从业的动力。三是对"袖珍人"群体的偶然发现，使该团一定程度上解决了传承队伍老龄化严重而年轻人又不愿从事和传承皮影戏的问题。这个群体因为身体发育不健全，大多不能从事社会上常规的职业，但他们除了身材矮小，其他方面基本和正常人一样。对他

① 调查人：马知遥、常国毅；调查对象：王熙、林中华；调查时间：2023 年 2 月 10 日；调查地点：北京市海淀区中国京西皮影非遗园。

们而言，能提供一个稳定的职业便会拼命努力工作，这与对职业有多样选择的正常人相比截然不同。龙在天皮影艺术团从一千多名“袖珍人”中筛选并培训了两百多名皮影戏演员，其中有二十对演员在团里结婚。他们通过传承皮影戏逐渐获得“社会性身份”，而且文化的价值属性渐渐遮盖了容易被他们自我否定的身体性，爱情、事业、家庭的建构让他们重燃生存希望，更加自信。从这种意义上来说，传承皮影戏赋予了他们区别于生物体意义层面的第二生命——文化生命，让他们以艺自养。这既是非遗的包容与魅力，也是非遗助弱扶贫社会性功能的体现。对于龙在天皮影艺术团和这些袖珍人来说实现了双赢，对于非遗的传承来说也是我们所愿看到的，服务于社会，才能生存于社会。

生存传承这一路径的第二种动力机制表达为生存依赖与家族或师门的荣耀延续、技艺自豪感、兴趣爱好的混合动力，如国家级非遗代表性项目天津“风筝魏”制作技艺的第四代传承人魏国秋[①]、唐山市级非遗代表性项目皮影演唱（玉田魏式）的第五代传承人魏德民[②]、国家级非遗代表性项目面人（天津面塑）的区级代表性传承人张亚杰。虽然他们都是生存传承，但并非像“袖珍人”那样的纯粹，他们的传承动力在生存所需中还伴随着对家族或师门的荣耀延续、技艺自豪感和兴趣爱好。对于他们而言，无可复制的精湛技艺和广泛的认知度，使他们在传承非遗时可以获得足够的生存资本和极大的自豪感。与残疾人群体相比，他们大多从小耳濡目染，接受到良好的非遗传承培训，传承非遗的自觉性和所能积累的资本较大，所承受的压力较小。传承与生存距离较近，成为他们的一种文化生命延续，而后建构着他们的文化生活。

（2）传承成为生活属性：生活传承及其动力机制表达

何为生活传承？随着时空、地域、社会的扩展，以及科技和人文的更新迭代，非遗的实用性逐渐在现代生活中“失语”；个体维系生存所做出的选择更加多样化，在学习时间、难易程度和利益转化上，非遗与现代诸多职业相比逐渐“失势”，很难成为个体生存的依赖或构成个体生存的优势。但在努力建设中华民族现代文明的语境下，面对生活物化载体的巨变和劳动异化对个体身份认同、文化认同的侵蚀以及由此带来的心灵安全感的丢失，非遗却因其传承性、独特性、共享性的文化基因，得

① 调查人：马知遥、常国毅；调查对象：魏国秋；调查时间：2023 年 2 月 23 日；调查地点：天津市南开区鼓楼北街 89 号。

② 调查人：马知遥、常国毅；调查对象：魏德民；调查时间：2023 年 2 月 12 日；调查地点：北京市海淀区中国京西皮影非遗园。

以成为民族的心灵慰藉和精神资本，修复并提升着个体的生活品质和民族的精神面貌。在这一阶段，非遗的传承不仅是个体立足于现代生活对非遗的一种生活选择，也是现代人立足于自我意义建构和社会发展对非遗的一种生活解读，可以称为“生活传承”。当下选择传承非遗不只构成个体的生存依赖，还要构成蕴含着人的本质的生活属性，复现的是人自觉的精神实践，是一种文化生活，包括社会关系以及个体行为习惯背后的潜在观念、真实意图、情感力量、实践经验和价值追求。

随着人们对非遗的愈发关注以及对生活的不断反思，面对传承与生存距离变远的事实，生活传承作为一种与生存传承并行的传承路径，在当下受众广泛。其动力机制表达主要有两种。一是主要出于个人兴趣爱好。天津杨柳青风筝制作技艺代表性传承人王建新[①]，从小耳濡目染，经过几十年拜师求学和钻研，将当地风筝制作技艺进行整理并传授他人。王建新本身有主业支持他进行非遗传承活动，传承风筝制作技艺只是一种出于爱好的个人传承行为，不构成生存依赖，而是直接成为自身文化生活的重要组成部分，推动着自我意义的实现。二是主要出于对社区或家传技艺的使命感和责任感。国家级非遗代表性项目刘家园祥音法鼓老会[②]，作为历史上北仓皇会的缩影之一，其传承的动力完全不是生存所需或者家族荣耀，传承途径也不是生存传承，代表性传承人大多是赋闲在家的中老年人，延续乡土记忆的一种自发的社区使命感和责任感推动着他们进行非遗传承。“我不能让老会在我手里断了”老会田会长如是说。中国的非遗绝大多数是农耕文明的产物，而现如今中国农村的大多数农民正经历着城市化、现代化和非农化的转型，新的生产方式和社会生存法则使传统的思维方式和行为习惯乃至乡土记忆成为随时准备舍弃之物，以便跟上时代步伐。在这种情境下，个体的生存理性已然替代传统的文化认同，非遗的社区传承自然会遇上内生动力不足的问题。这种生活传承路径，作为一种公益性质的文化服务，是自觉的精神实践，是相关群体得以自我实现的途径，虽与生存的距离较远，却与生活息息相关。当然，这一传承路径也时常面临着维持传承活动正常开展所需资金不足以及传承断代的问题，需要政府和社会的大力帮扶。对家传技艺的使命感和责任感也是生活传承的一大动力。如河南省级非遗项目社旗木雕第六代传承人陈风军的儿子，他为了追求更好的生活在外创业，但每次回家

① 调查人：马知遥、常国毅；调查对象：王建新；调查时间：2023 年 2 月 27 日；调查地点：天津市西青区柳鸢斋风筝俱乐部。

② 调查人：马知遥、常国毅；调查对象：田文起；调查时间：2023 年 2 月 5 日；调查地点：天津市北辰区刘园新苑。

都会跟随父亲学习家族传承下来的古建筑木雕手艺。用他自己的话说:“可以有自己的追求,不过家族的传统技艺不能丢。”在这种情况下,家传技艺不为生存依赖,不构成生存传承,但被个体纳入自身的文化生活,成为自我意义建构的一部分并得以自觉实践。

目前,生活传承对于青年一代来说是更容易被接受的传承路径,热爱以及身份认同和文化认同是其中的主要动力机制。对于非遗传承这项整体性事业来说,青年一代将是主力军,面对非遗与他们的生存需求逐渐变远的现实,可以唤醒他们内心的热爱以及身份认同和文化认同,引导他们将非遗传承纳入自我实现的途径,拉近传承与他们生活的距离。从 2001 年昆曲被联合国教科文组织列为第一批“人类口头和非遗代表作”名录,到现在已有二十多年时间,中国的非遗保护与传承工作已然进入深化阶段,并成为一种全社会动员的文化事象。非遗传承不只出于生存所需,而是越来越深入生活肌理,成为推动经济社会转型和文化转向的结构性力量。在这种文化趋势和环境下,青年一代也从观念层面走向非遗传承的实践,虽然暂时无法像非遗保护一样形成声势,但并非不具备此种可能。2023 年,在北京对皮影戏进行调查时,一位名叫翟子谦的大学生让笔者看到了青年一代接续非遗生命力的可能与后劲[①]。生于天津的翟子谦,小时候在一场庙会活动中看到了唐山皮影大师魏德民及其团队表演的皮影戏,便深深爱上了这门艺术,经常要求父母带他去看魏德民的表演。长大以后,翟子谦一心想要拜魏德民为师,怀着这种热爱辞去了工作,从天津跑到唐山,又跟随魏德民来到北京。用魏德民的话说,就是“一路追着学”。他一本古唱卷誊抄 59 天不倦,皮影雕刻、唱腔、操纵练习日复一日,始终饱含热爱。这样从内心对非遗怀有强烈文化认同感和热爱的年轻人,出现第一个就会出现第二个。虽然目前在非遗传承队伍中占比仍较少,但至少可以看到这样的星星之火在跃动。现在的传承人是受到社会尊重和国家认可的有一定文化身份的人,因此,在提升非遗经济效益转化的同时,更要强化非遗在青年一代中的身份认同和文化认同,使得他们从事这个行当时,在精神、心灵和行为实践上心生自豪之感,让传承在成为生存资本前,可以先在更大范围内成为他们自觉的文化生活。

传承成为生活属性,这种传承于个体自我身份和意义的选择与解读而言,是一种相对快节奏的传承,对于濒危的非遗来说能够快速建立起传承队伍,虽然这种传承的持久性是一个问题,但不乏接替的传承队伍。诚然,非遗的传承并非仅仅关注

① 调查人: 常国毅; 调查对象: 翟子谦; 访谈时间:2023 年 2 月 12 日; 访谈地点: 北京市海淀区中国京西皮影非遗园。

技艺和价值理念,更重要的是人的生存问题。需要进一步关注到的是,每个时代有不同的语境,当下这种因生存依赖而进行的生存传承路径,相比过去关照到的人群要少得多。我们对非遗传承问题的苦恼也正在于此,文化的增值和传统的复兴使得我们不自觉地要求传承非遗之人都应是为了生存而传承。似乎只有非遗成为生存所依赖的主业并为此投入几乎全部的精力和心血,成为个体的文化生命存在,才承载得起非遗的文化价值。但一种对此的反思也随即出现:日常生活实践推动着非遗传承观念的更新和传承范式的转换,不断生成新的传承关照和传承话语,中华文化的包容性也决定着非遗本身的多义性和动态性,从而带来了传承意义解读的多主体性和生成性,推动着传承在生存和生活空间内的变迁,并由此产生不同的传承动力和传承路径。

三、传承人含义的双重性:非遗传承的主观愿景和客观现实问题

传承的话语表达以及传承与生存和生活的距离问题,回应着传承应该具有的内在要素和有效传承机制,也是非遗区别于其他文化的一个自身文化属性问题。而传承人则构成传承的主体,是非遗的一种文化生存方式,使非遗的自身文化属性得以从静态转向活态。非遗的传承,表面上呈现的是文化客体自身的不断延续和演进,事实上是作为文化主体的传承人对文化的不断操演与不断创新的过程。随着对非遗认知的深化,无论社会层面还是学界,对传承人的主体地位都愈发关注,但这种关注大多停留于主观愿景,而忽略了一个客观现实——非遗本身对潜在传承人的筛选。

传承人含义带有双重性。第一重含义,是在非遗保护的主观愿景下,借助国家话语建构的代表性传承人制度,通过权益的附加提升传承人的社会地位,建构着传承人的身份认同。但随着制度设计层面所导致的传承人内生动力不足和一般性传承人积极性受挫等问题的出现,身份认同所带来的少数人的获得感与越来越丰富的非遗项目和文化生活逐渐不匹配。一种将国家意志、社会期许在更大范围内转化为传承人群的内生动力和自觉行动的文化认同成为最顶层的主观愿景,身份认同则沉淀在底层起着保障性作用。这种与非遗价值和文明基因对接的传承人,是社会认知观念对非遗传承的期许,暗含着许多人为的规定性。非遗积淀着中华民族的历史记忆和独特的精神象征,以其稳定的民族内涵和持续的精神慰藉,在当下文化和物质的更迭竞速中获得了更多的重视。而沿着中华文明发展的历史脉络,挖掘出凝聚在非遗中的优秀民族文化品质,无疑是从文化精神和文化历史发展规

律上，为非遗在日常生活中“自然性”的恢复和扩散提供了强有力的合理性证据。这也是当下非遗保护中不自觉地将传承人与文化认同对接起来的原因。此外，随着非遗进校园、中国非遗传承人研修培训计划的深入推进，传承人与教育机制的结合被认为是当下建构非遗文化认同的一种重要举措，让人从被动认同到主动认同，发挥人的文化主体性，构建非遗传承的主动语境与存续状态。身份认同和文化认同，被认为是非遗生命力可持续的重要保证，成为传承人的应然属性。

传承人的第二重含义，是非遗本身对所能传承之人的选择，即非遗本身怎样将潜在的个人或群体确定为传承人，直接指向非遗传承成效的客观现实问题。这一传承之义还暗含着传承人通过自我提升实现非遗的转化和发展。非遗传承不能寄希望于一小部分人，即便拥有文化认同的人，也未必能胜任。非遗传承既是当下主观愿景中的国家、社会为非遗挑选传承人的过程，又是客观现实中非遗本身对传承人的选择过程。

那么，究竟非遗本身怎样将潜在的个人或群体确定为传承人？在田野调查中，笔者发现有三种要素促成了这个客观现实问题的生成：“新鲜感”的获得、持续的热爱、天赋禀性和认知能力。对三种要素的分析将清晰地呈现出非遗本身对潜在传承人的选择过程。

首先，需要关注“新鲜感”的获得在当下和过去有着不同的话语表达。“新鲜感”时常成为热爱的前提，且“新鲜感”的获得并非指向一种暂时性的状态而是持续性的状态，这是非遗本身对潜在传承人的一次初选。正如皮影戏传承人唐维新所言：“过去的农村农闲的时候娱乐活动很少，不像现在电影、电视、互联网这么普及和丰富，以前哪个村演皮影戏都是很新鲜、很热闹的娱乐活动。”[①] 在他记忆中的那个年代，皮影戏辉煌鼎盛、欣欣向荣，“新鲜感”成为生活的调味品，皮影戏得以走进村民的生活。这种对比，提供了一种反思。手机和互联网成了当下民众所依赖之物，随处可见的普及性，也使其逐渐成为生活必需品。在很长一段时间内，非遗似乎淡出了人们的记忆，对多数人而言非遗成了一种具有“陌生感”的存在；与日常化的高科技产品相比，如今在生活场域中有些陌生的非遗，似乎又凸显出它的“新鲜感”。非遗独具魅力的艺术表现形式、所体现的日常生活属性以及优秀传统文化内涵，在民族血脉里或许不是“新鲜”之物，但在当下的生活中却已然成了“新鲜”之物。此种“新鲜感”也就成为非遗融入当下生活的一个重要现实因素，但“新鲜

① 调查人：马知遥、常国毅；调查对象：唐维新；调查时间：2023 年 3 月 4 日；调查地点：天津市宝坻区朝阳街道皮影传承基地。

感”的持续获得则需要非遗的创造性转化和创新性发展。非遗的创造性转化就是要反映时代的属性、回应时代的要求，对于非遗的文化基因和人文内涵加以改造，让陈旧的话语体系和表现形式有新的时代内涵和现代表达形式，这种创造转化不是对接市场的文化资源转化，而是自身文化内容和话语体系的再生产。非遗的创新性发展不仅要融入时代，而且要体现出时代的新进步、新进展，为时代的发展助力，从而补充、拓展、完善非遗综合性价值，使非遗从文化传承的单一维度，向教育、科技、经济、政治等多维度拓展，不断增强非遗的影响力和感召力。创造性转化和创新性发展是非遗的一体双面，整体性地持续建构着非遗的“新鲜感”，体现出非遗融入时代的基本方式以及推动时代发展的追求。当然，这也就对传承人的素质提出了更高的要求，不能只出于暂时的“新鲜感”而接近非遗，而要不断探索非遗的创造性转化和创新性发展，激活非遗传承的内在动力，打牢更大范围的群众基础。

其次，持续的热爱。这在皮影戏流行的年代或许是无须讨论的话题，而当下却是非遗传承人的一个必不可少的要素。非遗是中华优秀传统文化的重要组成部分，要成为非遗传承人，赓续文脉，需要对非遗有持续的热爱，而这种持续的热爱，源于对非遗所拥有的“传统”的身份认同、文化认同以及敬畏之心。“新鲜感”的持续获得或许有望成为热爱，但要促成热爱的持续，在这一阶段就需要传承人的第一重含义发挥作用。拿皮影戏来说，皮影戏说的是千古事，带有“仁义礼智信”的礼教文化，被认为是一种教人如何做人的艺术，并与人们的生产生活、岁时节令、信仰习俗等密切相关，以民俗文化、民间娱乐的艺术表现形式反映着中国人特有的审美观念、思想情感和精神追求。对此的身份认同和文化认同，是对皮影戏持续热爱的核心，是成为传承人所要具备的关键素质。而非遗本身的筛选作用在此阶段还体现为必须有对传统的敬畏之心。当下，在非遗发展中过分追求经济利益的现象不胜枚举，机械化替代非遗宝贵的手工技艺，经济属性超越文脉属性，这种忘却了传统制造出的非遗，实际上已是一种伪非遗，属于文化创意产业而不是非遗产业。这种伪非遗造就出的快餐文化，不仅不利于非遗的有效传承，反而会扭曲公众对非遗的认知，压缩真正的非遗的生存空间。传统之所以成为传统是因为其对生活历史的延续，非遗以其传统的属性规定着要成为传承人必须有对传统的敬畏之心。目前的皮影戏大致分为传统影戏和现代新编剧目两类，且后者大多采用现代光声电技术和现代人物故事，发展迅速，花样繁多。现代新编剧目或许是皮影戏新的表现手法和题材叙事，可以构成对传统影戏的反哺，但其中对传统延续的多少，直接决定了这是创意产业还是作为非遗的皮影戏，也决定了这类人是否有资格成为传承人。

现代科技与题材作为民众熟悉之物，拉近了皮影戏与观众生活的距离，让观众更有代入感，但也更容易被“遗忘”，所以需要通过百千花样来不断获取市场，反而难有代表作品留存。因此，非遗的传统属性与现代人精神空间的距离需要得到关注。非遗的传统属性或许使其题材、表现手法与现代生活有距离，但作为历史文脉的一环，可在一定程度上消解资本对人生存意义的侵占，使人不断获得精神慰藉和安全感，体现出优秀传统文化对人的滋养作用，所以传承非遗之人必须要有对传统的敬畏之心。

最后，在“新鲜感”的获得与持续的热爱基础上，能较好地掌握非遗并使传承成为可能离不开对个体天赋禀性和认知能力的探讨。对此可用“孵窝理论”进行阐释，这是笔者调研中发现的民间智慧。

笔者：“我们期待越来越多的人传承皮影戏，但皮影戏作为一种综合艺术，掌握好它并不是一件容易的事情。新鲜感和热爱可能是成为传承人的前期条件，但最终成为传承人应该还与个人能力有关。”

唐维新：“是的。就比如母鸡下蛋以后，它去孵窝，有的能孵出来，有的不能孵出来，有的小鸡能最终羽翼丰满，有的会夭折。”①

不可否认，非遗传承与人的天赋禀性和认知能力有关。也正因此，在这一层面，非遗得以将其独特性依附于传承人身上，成为独一无二的文化存在。非遗知识系统所涉庞杂，传承方式以口传心授的经验式传承为主，传承实践强调守正创新，传承效果突出赓续文脉、服务社会、形成文化向心力，这些都对传承人的天赋禀性和认知能力提出了较高要求。在传承愿景上可以“有教无类”，在传承现实上要做到“因人而异”“术业专攻”，这一定程度上解释了为什么龙在天皮影艺术团培训了两百多名“袖珍人”演员，最终只有四十人留下。如同将非遗在社会上“孵化”一般，非遗作为一种公共文化进入民众的日常生活，在大众层面首先发挥的是传播作用，使每一个人都有可能成为传承人；而后那些有志于此并能在实践层面因天赋条件优越得以脱颖而出的人，会较早获得传承资格，但这并不意味着一定能成为好的传承人，在传承的过程中仍需积累沉淀，付诸努力。那些“孵化”和成长较为缓慢的人，久久为功亦可传承好非遗。“孵窝理论”对于传承人天赋禀性和认知能力的生动阐释，不是基因决定论，而是提醒我们对“悟”的追问。在田野调查中，大多数传承人都谈到弟子要真正成才，传承好非遗，关键得靠自己“悟”，或许一朝得道，或许

① 调查人：常国毅；调查对象：唐维新；调查时间：2023 年 3 月 4 日；调查地点：天津市宝坻区朝阳街道皮影传承基地。

十年得道。“悟”字似乎给予了非遗传承一种神秘色彩,并使掌握“悟”的传承人带有一种自发的民间认可的尊严性。《说文解字》中对“悟”的解释为:“觉也。从心吾声。”意为明心见性、发现自我为“悟”,即内心获得深知。在传承实践中,勤奋努力多为主体可控,天赋条件则不可控。个体天赋禀性和认知能力不同,传承实践活动会有所不同,传承效果也大相径庭,这使得非遗本身在传承过程中具有多义性和主体多样性。每一种非遗都是个体的人生史书写,非遗的珍贵之处以及生长的可能性与传承人的这种差异密切相关,这也是非遗传承所需要关注的问题。传承人含义的双重性在主观愿景和现实层面上互相建构着非遗的传承活动,造就着非遗传承的高原与高峰。

四、传承生态:非遗传承的整体性问题

非遗的传承具有文化整体性,随着时代发展活态流动变化,符合文化发展的基本规律。在整个传承实践中,“传承人作为最初的种子,吸引社会创新力量的介入,激发了整个社会公众的文化认同,就像种子掉落在泥土里;又通过公众的购买、体验等消费行为,促使非遗传承人成长,让非遗生根发芽,形成生命力,带动了社会更多领域的力量介入,从而让非遗的传承从原来单一文化领域向社会复合领域迈进,逐步形成一个边界模糊、复杂开放的系统”。非遗传承在当代中国的话语表达,是文化转型时期非遗传承的一个基本问题,决定着非遗传承的属性、旨归和关切;传承与生存和生活的距离构成了非遗传承的路径和动力问题,在基本问题上使何以有效传承得到回应;将前两层问题映射到传承人身上,传承人含义的双重性构成了非遗传承的主观愿景和客观现实问题。这三个问题并不是割裂散落的,而是既相对独立、各有功能与特点的,又相互联系、相互作用的。它们在非遗传承的整个实践过程中进行有机结合和重组,最终构成一个可持续发展、具有自我调节功能的传承体系,互动建构着非遗的传承生态。

思考非遗的传承生态问题,需要借鉴“文化生态”的理念。文化生态是一种从人类生存的整个自然环境和社会环境中的各种因素的交互作用中去研究文化产生、发展、变异规律的学说。斯图尔德认为文化与其依托的环境密切相关,不同文化现象和模式是人类与外部环境相适应的途径和选择。方李莉在考察非遗在中国的存续状态时,将文化生态视为一个生命系统,将人类文化的各个部分看成一个相互作用的整体,她认为正是这样互相作用的方式才使人类的文化历久不衰,导向平衡。对于非遗传承生态的把握,应该自觉运用文化生态理论的整体性思维,既要看

到非遗自身文化属性的应然状态，也要看到非遗之于传承人实践活动的实然状态，二者存在着互动生成的过程，并非不变的，而是在相对稳态的传承方式中有着人为的实践可变性。随着国家、社会、学界、企业和个人等多方力量的介入，非遗的传承还将衍生出更多的意义关系网络，在民众生活属性和文化生命张力中诞生更多的关切。

对于非遗的传承生态而言，一个生动的体现就是社会传承。如果从文化资源所有权的角度来看，国家大力推动非遗保护是促使其相对的“私有”让渡于相对的“公有”，促使“大我”包裹“小我”，促使与“小我”密切联系的社区传承、群内传承、师徒传承、家族传承向着散点、多元、不拘一格的社会传承转型。如果从传承生态的视角来看，所有权是一个动态平衡的过程，在一个延续的时空、社会阶段，没有完全意义上的某种类型消失或者整体性转化。自上而下的非遗保护倡导中，自下而上的非遗传承实践一直在场，调配着国家和社会介入的力量，非遗保护主观愿景上给予传承人的公有的身份认同和文化认同，在客观现实层面针对的是一种服务社会的责任，而非令人争抢的带有“公有”性质的资源。传承生态中的社会传承指向的是“非遗的本质与其属性、所处环境的内在历史的关联状态，以及由此推动社会发展的效益。非遗的传承自古以来并非限于私人和特定成员组成的社群，它在服务社会中得以扩散，体现着非遗社会性的一面。在对北京曹氏风筝传承的调查中，笔者了解到那些宝贵的技艺和文化在被冠名“非遗”之前，无论在国家层面还是乡土民间，本身就带有福泽社会的祈愿并流传至今，这也使非遗成为当下人们精神的重要慰藉。曹雪芹在《废艺斋集稿》的自序中写道，朋友景廉从征伤足致残后无以为生，无奈中向自己求助，便授他扎制风筝的技艺，使他能以此为业维持生计，不想他竟能“鸭酒鲜蔬，满载驴背”。“爰思古今之世，鳏、寡、孤、独、废疾者有养也。今者，如老于其人，一旦伤足、不能自养，其不转乎沟壑也几希。”曹雪芹因此产生了“以艺济人”的想法，为伤残、盲人、老人等社会群体，详细汇编、整理、传授金石图章、风筝、织编、脱胎、织补、印染、雕刻、园林和饮食等技艺。文化的最终面向始终是社会，对美好生活的祈愿始终是文化最朴素也最本质的出发点和落脚点。非遗作为优秀传统文化的重要组成部分，在其文明基因里深深烙印着社会性的一面，以服务社会为主要目的，其本身就是一个“大我”内化于“小我”，“小我”反向形塑“大我”的过程。非遗的传承人、本质、属性以及与时空环境的整体状态，在社会传承中成为一个有机整体。

在非遗的传承生态中，非遗与个体的生命、感受和体悟紧密结合在一起，行至今日，非遗的传承实践较往昔极大丰富，也暗示着巨大的不同。社会历史条件的改变、各民族文化的不断交融，使得非遗共识性的文化基因逐渐被识别出来，独特性的文化特质得到尊重，并在实践中不断建构、扩充，随着时间、空间和社会的拓展，逐渐走入公民的日常生活。把握非遗的传承生态，在对传承环境进行多因素"外视"，以期以某种外在力量推动它向前发展的同时；也要注重对文化的"内视"，关注文化的关切、与时空环境相互作用的协调力以及整个文化生态系统的承受力。

结语

文明如若作为失去生命的遗存是历史遗留物，作为社会印证是集体的认同和实践互动，作为生活是个人的人生建构史，作为生存依赖则为区别于生物体意义的文化生命。非遗有其载体和生活空间，一个时代在逝去时所残存之物，是它们最后的馈赠，让后续之辈明白"自己从哪里来，该往哪里去"，为文明的多样性和持续性提供更多的思考。历史存留于认知与记忆，文化存留于生活日用而不觉。对于非遗传承问题的思考，只有通过深入的田野调查才有发言权。非遗的传承，不仅要顾及传承的历史文脉、价值问题，也要顾及个体的生命、生活以及社会性问题，归根到底是要民众说好。要想非遗立足于当下的生活，一方面是看非遗构成生活的比例，另一方面是看非遗对个体生命意义的建构。要达成理想的局面，除政府的大力扶持和正名外，还需要社会多方力量的加入，为非遗赋能。非遗是活态传承的，在传承实践中与传承人互动生长。时代的发展使得非遗传承的依据和基础、对象和条件不断变化重构，使得传承的问题从一开始的技艺技能和文化特质，扩展为一种"何以支撑人之生"的问题。在时空、社会的拓展中对这个问题的追寻，传承一直在场，进一步使传承的问题扩展为蕴含人的本质的文化生活，并将其纳入传承生态的整体性问题以得到安置。可以明确的是，非遗传承的问题域是具有生命张力、不断扩展的，正如当下数字和智能化的"闯入"，也将给非遗传承问题带来更多的思考。非遗的传承正在从一种文化事象成为一种文化体系，从一种生活实践成为一种生命实践。

参考文献

[1] 刘晓春. 谁的原生态？为何本真性：非物质文化遗产语境下的原生态现象分析 [J]. 学术研究，2008(2)：153-158.

[2] 高小康. 歧路寻羊：非遗如何走向活态传承？[J]. 文化遗产，2016(5)：1.

[3]　D. 保罗·谢弗. 经济革命还是文化复兴 [M]. 高广卿，陈炜，译. 北京：社会科学文献出版社，2006：5.

[4]　UNESCOUNESDOC.Conventionforthesafeguardingoftheintangibleculturalheritage[EB/OL].(2003-10-17)[2023-07-06].https://unesdoc.unesco.org/ark:/48223/pf0000132540_chi.

[5]　兰德曼. 哲学人类学 [M]. 彭富春，译. 北京：工人出版社，1988：264.

[6]　马知遥. 面塑传承人口述史 [M]. 天津：天津大学出版社，2021：63.

[7]　周波. 从“身份认同”到“文化认同”：论“非遗”代表性传承人制度设计的新面向 [J]. 文化遗产，2022(2)：19-26.

[8]　马知遥. 木雕传承人口述史 [M]. 天津：天津大学出版社，2021：9.

[9]　马知遥，常国毅. 非物质文化遗产保护与传承深化阶段：2011—2020 年热点问题研究综述 [J]. 原生态民族文化学刊，2021(6)：44-59.

[10]　普文芳，魏美仙. 非物质文化遗产的属性及传承人意义 [J]. 学术探索，2014(4)：119-122.

[11]　赫尔曼·鲍辛格. 技术世界的民间文化 [M]. 户晓辉，译. 桂林：广西师范大学出版社，2014：57.

[12]　马知遥，常国毅. 非物质文化遗产教育性保护的方法论与道路探究 [J]. 民族艺术研究，2019(6)：135-144.

[13]　章莉莉，刁秋宇. 非物质文化遗产活态传承的生态建设 [J]. 民族艺术研究，2021(3)：124-129.

[14]　司马云杰. 文化社会学 [M]. 北京：中国社会科学出版社，2001：153.

[15]　STEWARDJH.Theory of culture change[M].Urbana，IL：University of Illinois Press，1955：28.

[16]　方李莉. “后非遗”时代与生态中国之路的思考 [M]. 北京：文化艺术出版社，2019：3.

[17]　岳永逸. 文化转场、个人的非遗与民族共同体 [J]. 民俗研究，2023(1)：26-38.

[18]　宋俊华. 论非物质文化遗产的本生态与衍生态 [J]. 民俗研究，2008(4)：5-13.

[19]　孔祥泽，孔令民，孔炳彰. 曹雪芹风筝艺术 [M]. 北京：北京工艺美术出版社，2004.

第十五章　中国非遗高等教育的特色发展路径探究

作者:马知遥 姜向阳
发表刊物:山东社会科学
发表时间:2023 年第 12 期

中国非物质文化遗产(以下简称“非遗”)的保护与发展历经濒危项目抢救、全国性的非遗项目普查、重要代表性项目档案的建立、对非遗传承人的系统性培训、非遗项目的创新性设计与成果转化等重要阶段。非遗作为多学科交叉融合发展的特殊媒介,在社会文化事业与经济发展中发挥着重要作用。《中华人民共和国非物质文化遗产法》第三十四条明确指出:“学校应当按照国务院教育主管部门的规定,开展相关的非物质文化遗产教育。”2017 年,由文化部、工业和信息化部、财政部联合制定的《中国传统工艺振兴计划》对非遗教育的发展方向做出了重要指示:“加强传统工艺相关学科专业建设和理论、技术研究。支持具备条件的高校开设传统工艺的相关专业和课程,培养传统工艺专业技术人才和理论研究人才。支持具备条件的职业院校加强传统工艺专业建设,培养具有较好文化艺术素质的技术技能人才。积极推行现代学徒制,建设一批技能大师工作室,鼓励代表性传承人参与职业教育教学和开展研究。支持有条件的学校帮助传统工艺传承人群提升学历水平。”当下,非遗项目与高校人才培养的融合发展是解决非遗传承“后继乏人”问题的有效途径,并必将对非遗的可持续发展起到积极的促进作用。

一、中国非遗发展激活非遗高等教育的现实背景

将有关非遗传承与保护的课程引入高校课堂,不仅有利于非遗的传承和发展,而且解决了非遗传承“后继乏人”和专业管理人才短缺的问题。

任何学科的发展都需要科学合理的人才培养体系,并辅以严谨可行的培养方案,非遗学科亦然。这就要求我们既要贯彻落实国家关于构建高质量高等教育体

系的方针政策,又要充分考虑非遗学科在教与学两方面的特殊性。目前,部分高校已经开设了非物质文化遗产学本科专业,并会根据具体需求聘请相关专业人士授课。然而,中国的非遗资源相当丰富,所涉学科门类亦十分广泛,本科生仅用四年时间定然无法掌握全部的非遗技能。非遗高等教育既包括普通高等教育、高等职业教育等学历教育,还包括各种形式的非学历教育,两种教育在培养目标上既存在相同的价值取向,也存在各自的发展要求。目前的非遗高等教育以学历教育为主,以非学历教育为有力补充。因此,我们应从多个角度分别对非遗普通高等教育与非遗高等职业教育予以讨论。

整体而言,各类高等教育都具有以人为本、终身教育、个人发展与服务社会相统一的价值取向。无论是普通高等教育还是高等职业教育,都是为了培养高级专业人才,它们的差别则主要体现在以下方面。首先,二者的本质属性不同,普通高等教育的本质属性是基础性与理论性,强调学术性与学理性;高等职业教育则更强调职业性与技术性。其次,二者价值取向的侧重点不同,高等职业教育侧重于直接服务社会的经济建设与文化发展;普通高等教育除此之外还要为部分社会目前并不急需的专业或不能直接运用于生产第一线的专业培养人才,以保障社会的可持续发展。再次,二者的教育目的不同,普通高等教育侧重培养合格的社会建设者;高等职业教育则是为了满足具体的工作需要。最后,二者的学生特点不同,普通高等教育的学生拥有丰富的理论知识,培养方向定位在学术型、工程型人才;高等职业院校的学生拥有扎实的实践技能,培养方向定位在技术技能型人才①。上述普通高等教育与高等职业教育的差别决定了二者在课程设置、实践要求等诸多人才培养的具体环节亦有显著区别。

在非遗高等教育的本专科阶段,普通本科应该注重培养掌握非遗学基础理论,熟悉国内外非遗政策,有多学科视野和训练经历的复合型人才。非遗专业本科生不仅要有强烈的文化情怀,懂得欣赏非遗艺术,还需要掌握几门非遗相关技能,从而能够在理论和实践方面获得对非遗更为切实的理解和认识。这些本科人才可以成为基层非遗保护单位管理人员的重要来源,充实基层非遗保护队伍,使得非遗保护工作更具有专业性。但这种培养模式尚不能使人才实现对各种门类非遗的全面掌握,因此在课程设置上,要增加宏观的非遗理论和保护方法,教导学生灵活运用人类学、民族学的田野工作方法,开展针对非遗项目调查的田野作业和深描训练,

① 邵晓枫:《解读成人高等教育培养目标——从与普通高等教育、高等职业教育比较的角度》,《职教论坛》2010年第1期。

适当开设十大类非遗的相关导论或概论课程，以使学生在理论学习的基础上提高实践能力，并能够在和传承人的交往中真正受到熏陶。

相较于旨在培养眼界开阔、有专业知识的非遗管理和保护人才的普通本科，非遗高等职业教育的人才培养应该更注重对非遗技法的深入开掘。然而，对大多数学生来说，在既没有兴趣又没有基础的情况下学习非遗恐难顺利。对此，我们可以充分利用广泛分布于各地的高等职业院校的区位优势，进行在地化的非遗特色项目培养。这不仅有助于当地非遗项目的传续，而且还能帮助学生通过便利的资源获取渠道在当地学习和体验非遗项目。从职业院校的教育目的出发，还应特别注重培养学生的实践能力，邀请真正的非遗专家—传承人—走上讲台、亲自授课，实行师傅带徒弟式的小班精英教学，做到与普通本科教育有所区别、因材施教。

在非遗高等教育的研究生阶段，则需要培养一批专业知识熟练、理论功底扎实，能够持续促进与服务非遗学科发展的人才队伍①。当前的高校教育面临着与实际脱节、过度理论化的问题，不利于学生实践能力和创新能力的培养。同时，“高校教育如何同市场、同企业接轨，实现‘知识’与‘经济’的有效结合方面严重缺乏经验。从‘非遗’文化活态传承入手，在一定程度上能够有效解决知识实用型、市场化方面的难题，也能够更好地培养出实践型、创新型的高素质人才”②。目前，部分高校已经设置了非遗专业的硕博士学位点，以前这些学位点挂靠在各个不同的学科或专业下面，如艺术学、文学、体育学、建筑学等。由此也可以看出，非物质文化遗产学本身就有跨学科属性，很多学科都可能与之产生关联。新版研究生教育学科专业目录发布后，非遗或被归为“艺术学(1301)”下的二级学科，或被一些高校自主设定为“交叉学科(14)”下的一级学科。随着学科地位的提升，高校非遗人才的培养方向会日渐明确，培养方案和培养方式也必将进行相应的调适性变革。

近年来，互联网与新媒体的大力传播使越来越多的年轻人开始关注中华优秀传统文化。高校要充分发挥其在非遗传承与传播过程中的作用，“通过开展多种形式的非遗文化活动，吸引和引导有兴趣、有潜力的大学生，不断培养他们对非遗知识的深刻认知及对非遗文化的深刻理解”③。除了引导学生关注非遗项目的精湛技艺及其文化内涵外，还要使学生充分认识到非遗在传承过程中面临的困难与阻碍，

① 郑雪松：《教育人类学视域下的非物质文化遗产传承体制研究——以河南非物质文化遗产的传承为例》，《河南大学学报(社会科学版)》2013年第5期。

② 李汉桥、杨海涛：《“非遗进高校”与民间艺术活态传承教学模式》，《湖北第二师范学院学报》2018年第3期。

③ 张欣建：《构建高校非物质文化遗产传承教育体系研究》，《新东方》2021年第2期。

启发他们走进非遗传承人的个人世界，听非遗传承人讲述他们的非遗故事。此外，在理想的非遗高等教育体系中，高校还应在以下方面助力非遗发展：主动搭建起非遗传承人与非遗高等教育沟通的桥梁，从而为非遗人才培养提供更加丰富、系统的专业知识；结合市场发展过程中对非遗的现实需求，将高等院校中体系化的创意理论应用于非遗创意产品开发，切实有效地为非遗的创造性转化与创新性发展提供智力支持；营造良好的就业氛围，开展针对非遗专业特点的就业指导，努力为非遗人才寻求合适的就业岗位；积极探索非遗高等教育的特色发展路径，深入完善非遗传承与传播工作。

二、以需求为导向的非遗人才培养体系建设

（一）基于非遗传承人继续教育的需求

近年来，非物质文化遗产在社会各界的共同努力下得到了持续关注，但可持续发展、活态性传承仍然是解决非遗发展问题的关键。越来越多的老一辈民间艺人、非遗传承人由于年龄、身体条件等原因而无法继续从事非遗事业，如果没有合适的接班人，这些珍贵的非遗技艺将逐渐消失。“学校本应是非物质文化遗产传承、教育的主阵地”，而“之所以会出现传统的民间艺人逐渐消失、传承人年龄偏高、人们缺乏传承的自觉意识等问题”，其主要原因就是“非物质文化遗产的传承缺乏教育，特别是缺乏学校教育”①。事实上，大部分非遗传承人并未受过专门的培训或者系统性的教育，他们并不是不需要教育，而是没有接受适配性教育的机会。

据统计，目前参与文化和旅游部、教育部、人力资源和社会保障部共同实施的“中国非物质文化遗产传承人研修培训计划”的院校已经达 130 所②。参加过高校非遗研培的学员不止一次表达过这样的感受：因为长时间不能和外界进行交流，视野、技术也和很多同行拉开了距离，最关键的是不知道现在市场上需要什么样的东西，不知道自己的东西为什么得不到大家认可。为期一个月的学习和交流，不仅可以满足非遗传承人受教育、受培训的愿望，而且能够在一定程度上帮助其提升技术水平、开阔眼界。针对非遗传承人的研培计划还取得了长线效果：部分非遗传承人返乡后用所学知识发展非遗产业，成为当地知名人物，并带动一方群众再就业，从

---

① 郑雪松：《教育人类学视域下的非物质文化遗产传承体制研究——以河南非物质文化遗产的传承为例》，《河南大学学报（社会科学版）》2013 年第 5 期。

② 参见《文化和旅游部办公厅关于公布 2024-2025 年度中国非物质文化遗产传承人研修培训计划参与院校名单的通知》，2023 年 12 月 7 日，https://zwgk.mct.gov.cn/zfxxgkml/fwzwhyc/202312/t20231207_950174.html，访问日期：2023 年 12 月 10 日。

而为乡村振兴注入活力。如甘肃省金昌市金川刻字省级非遗项目传承人李华中，将非遗刻字技艺与文创产品、非遗衍生品相结合，进行产业化发展，解决了当地部分无业人员和残障人员的就业问题。他还将非遗刻字艺术以易操作的“材料包”形式融入“非遗进校园”活动，既创造了非遗的经济效益，也实现了非遗的文化价值。同时，我们也发现，部分非遗传承人虽然参加了培训，但技艺并没有明显提高，传承的积极性也没有显著提升。这主要有三方面原因：一是教育培训没有持续性，仅仅一个月的培训对个人成长的帮助是有限的；二是一些非遗项目在当今的文化市场中没有竞争优势，如果不主动进行顺应市场的创新，就无法获得理想的经济效益；三是缺少稳定的职业保障和优质的展销平台。

为了解决这些问题，我们不仅需要持续组织实施非遗研培计划和加强非遗学科建设，更需要深入思考，以未来的社会需求为导向，进行科学合理的顶层设计。在高校非遗专业的设置中，有针对性地开设有未来前景的非遗课程是非遗教育探索与发展的方向。例如，培养一支具备专业素养的非遗“文化经纪人”队伍，“‘文化经纪人’概念的出现可被视作民俗学与非物质文化遗产保护实践导向的一种深化，也是规范非物质文化遗产保护工作和完善标准体系的进一步思考。‘文化经纪人’通过跨学科、跨领域的合作，运用专业知识，在非物质文化遗产保护中参与调研、评估、营销、教育培训、生产销售等工作，发挥中介调节和多重干预作用，为社区、群体或个人带来资源和服务，从而促进非遗工作健康有序地开展”①。“文化经纪人”对非遗的发展前景有清晰的认识，对市场需求也有精准的把握。这支专业队伍的参与，将为非遗带来更多的展示机会和作品售卖的机会，可以使非遗传承人安心地专注于自己的非遗传承工作。

在保护与传承非遗方面，专业的非遗管理人员起到了至关重要的作用。目前，许多地方政府成立了专门的非遗管理机构，如非遗管理处或者非遗办公室，负责非遗的调研、保护和管理。这些机构需要专业人员的加入，以纠正过去不规范、不合理的非遗管理工作。作为珍贵的文化遗产，非遗正在得到有效保护，并逐渐融入公共文化，成为公共文化的重要组成部分，非遗产业正逐步实现从“小而美”的传统作坊向“大而全”的文化产业的转型。正是在这个过程中，非遗产业从传统模式向现代模式转变，为文化经济的发展注入了新的活力。为了激发市民对非遗的消费热情，我们需要动员更多经过高校非遗专业培养的优秀学子利用他们的专业技能和

① 马知遥、吴建垲、王明月：《“文化经纪人”概念的重新审视：基于中国非遗保护经验的思考》，《山东社会科学》2022 年第 2 期。

实践能力推动非遗市场的建设和发展。在提高专业素养和市场专业化过程中，我们要逐步增强非遗的自我造血能力，使其能够更好地适应市场需求。尽管大量非遗已经得到了保护，但它们的生存处境仍然面临挑战，大多数非遗传承人在获得荣誉称号后，生活状况并没有得到实质性改善。因此，我们需要深入了解市场需求，适时调整非遗专业设置，发挥高职院校在培养人才方面的优势，确保学生们能够学以致用，为非遗产业的繁荣发展贡献力量。

（二）基于不同类别非遗特色人才培养的需求

在非遗传承与发展的过程中，我们需要意识到，虽然一些非遗项目凭借其独特魅力可以在发展过程中获得不错的市场份额，但是仍有许多非遗项目面临困境，尤其是一些地方戏曲和工艺类非遗，其市场前景和传承能力相对较弱。因此，在非遗高等教育中，我们应审慎地对非遗项目进行分类，有针对性地制定培养方案。对于那些有市场潜力的非遗项目，应扩大招生规模，从而稳就业、促发展；而对于那些市场前景和传承能力相对较弱的非遗项目，应设立奖励机制，鼓励有情怀的学生进入“大师工作室”小班学习，并在其毕业后对其进行重点培养和扶持。

传统地方戏曲类非遗项目受师徒传承方式的影响，其传承过程本身就存在局限性，其教学主要在戏班中完成，而传承人的选拔更是从孩童时期便开始的。“小孩子给师傅敬茶，以后吃饭的营生就随师傅，徒弟的成就取决于师傅的本事、师傅的修养、自身天赋、刻苦程度等因素。”[①] 在文化教育普及化的今天，有些家长会鼓励孩子在不耽误学业的前提下去学习戏曲艺术。然而，随着学生年龄的增长，面对社会需求的转变，家长们更倾向于让孩子选择热门专业，考取理想大学，以谋求稳定的职业发展。因此，很少有家长支持孩子在大学期间进一步学习戏曲艺术。现代戏曲教学虽然出现了体系较为完善的戏校，但仅能覆盖小部分知名剧种。如今，愿意接触传统地方戏曲的年轻人越来越少，他们对于此类艺术往往缺乏了解与认识，更谈不上深入的系统学习。地方戏曲的学习往往需要从小跟随师傅，对于业余学习者来说，由于缺乏扎实的基本功，很难获得专业成就。加之地方戏曲团队中大部分都是老师傅，中青年人才匮乏，随着老师傅年事渐高与团队人员的减少，许多地方曲种正面临着消失的危机。

此外，在那些需要集体配合才能完成的传统体育、游艺与杂技类非遗项目中，非遗传承缺乏青年学习者的问题尤为突出。比如，浙江省台州市的“黄沙狮子”是

① 雒仁启、王华龙：《地方戏曲的发展困境与突围策略—以荆州地区荆河戏为例》，《长江大学学报（社会科学版）》2018 年第 5 期。

首批被列入国家级非遗名录的代表性项目,它“融合武术、舞狮、杂技于一体,演出套路组成包括扫场的拳术和器械、跳桌表演、高塔倒立、狮子上山下山等,对传承整个狮舞技艺要求群体完成”①。然而,当前“黄沙狮子”面临着传承困境,难以吸引和培养青年传承者。一方面,乡村中的年轻后辈因学习或工作而离开故土,无法继续参与这一传统项目;另一方面,留在乡村中的青年群体也忙于工作和生活,难以全身心地投入训练。此外,乡村附近学校中的青少年学生也因课业繁重,难以抽出时间和精力来学习和传承这一技艺。因此,针对不同类型的非遗项目,我们应采取不同的策略来保护和传承;对于那些特殊的门类,则需要制定特殊的政策,着重培养具有项目特色的非遗传承人。

(三)基于高校非遗专门化教师的需求

高校非遗教育师资匮乏是一个亟待解决的难题。尽管部分高校已经开始招收非遗专业本科生或研究生,但师资力量相对薄弱,教学经验不足。许多从事非遗教育的教师是从艺术类或其他人文社科专业转向非遗专业教学的,他们虽然具备一定的专业背景,但对非遗的认知和理解仍显不足,对非遗项目的实际接触和了解更是有限。非遗作为活态文化,其实践属性尤为突出,只有深入田野、亲身体验,才能对其产生真切的认知,缺少实践的教师通常难以胜任非遗人才教育工作。“非物质文化遗产学学科建设,要主动适应经济社会发展的需要、文化建设的需要、人才培养的需要和提高国际竞争力的需要。我们必须要加强非物质文化遗产学科化建设的步伐,在学科化的基础上,结合社会需求情况,制定出合理的人才培养目标和培养方案,尽量培养出适应中国非物质文化遗产抢救和保护事业的急需的专门人才。”②

另外,我们必须认识到,在非遗学科的构建过程中,单一学科的力量十分薄弱,人类学、民俗学、美术学、历史学、文学和考古学等学科交叉融合,是阐释非遗学科基本原理的关键,也是应对复杂多样的非遗现象的有效方案。“交叉学科是传统学科在专业精细化基础上的新的发展趋势和要求,非遗学科是典型的交叉学科,它打破了传统学科对象条状模式,转而从横向角度对学科对象进行划分,体现了传统学科的革新要求。构建非遗学科共同体,是社会和科学发展的产物,是实现非遗学科

① 覃宇德、洪邦辉、房佳婕等:《体育非物质文化遗产的当代传承困境论析——以国家级非遗项目“黄沙狮子”为例》,《浙江体育科学》2023 年第 5 期。

② 谭宏:《非物质文化遗产学科化建设问题与对策》,《民族艺术》2009 年第 4 期。

独立的重要保证。"[①] 因此，培养具备交叉学科知识储备的师资力量，已成为高校非遗教育的当务之急。

三、新文科背景下非遗高等教育发展的实现路径

（一）构建非遗人才培养契合就业发展的教育模式

"非遗作为教育资源正是固本正源和汲取优秀传统文化力量的战略举措，而非遗与新文科建设之间的种种契合性正是非遗成为重要的教育资源的基础，在新文科建设的引领下，将会不断强化它在教育体系中的意义。"[②] 在新文科建设的背景下，非遗教育服务社会、赋能社会发展的作用会更加突出。非遗教育打破了社会公众对文科教育的固有印象，其与新文科建设的融合发展成为新时代学科专业发展的新思路与新方向。近年来，中国非遗飞速发展并在国际上获得了高度认可，它作为独特的文化输出载体，塑造了可信、可爱、可敬的中国形象。中国非遗不仅使中国人深刻认识到中华优秀传统文化的魅力，更是向世界讲好中国故事、传播好中国声音的特色媒介。因此，加强非遗教育和非遗学科建设，是全面复兴中华优秀传统文化的内在要求。

新文科背景下的非遗教育，旨在构建中国特色教育发展路径，促进我国教育与文化战略的快速发展，并实现全体人民对中华优秀传统文化的认同。新文科提倡的跨学科交叉融合，与非遗高等教育的需求高度契合。作为一门需要多学科交叉融合的新学科，非遗学对标国家需求，在新文科建设中必将发挥作用，形成特色学科[③]。高校开展非遗学科建设和人才培养，要始终坚持和把握以"人"为中心的原则。非遗高等教育所关注的"人"可细分为两类：传统的非遗传承人和以学生身份接受教育的未来非遗传承人。非遗高等教育主要面向两类人才：一种是以非遗理论与常识为主要学习内容的理论型人才；二是以非遗技艺为主要学习内容的实践型人才。

首先，理论型非遗人才培养致力于为从事非遗管理、创新、研究等的文化企事业单位输送具有研究性思维的理论人才，这类人才的培养目标是更好地服务非遗实践型人才，并做好社会层面的非遗宣传工作。非遗理论型人才的培养注重综合

① 宋俊华：《论构建非物质文化遗产学科共同体》，《文化遗产》2019 年第 2 期。

② 郭浩：《非物质文化遗产作为高等教育资源与新文科建设的契合性》，《云南艺术学院学报》2021 年第 4 期。

③ 马知遥：《新文科背景下非物质文化遗产学建设的思考》，《齐鲁艺苑》2022 年第 4 期。

性大学教育，要求学生掌握一两门专业非遗知识，同时选修多门专业课程，以开阔视野。这有助于学生更好地认识和把握各地不同类别非遗的特点和发展态势。为了使学生对非遗有广泛而深入的认知，还需加强传统文史哲基础知识的学习，以使其在非遗的文化阐释中更好地发挥作用。在加强理论学习的同时，还应注重培养学生对非遗的兴趣和爱好，使其具备一定的动手能力。

其次，实践型非遗人才的培养要依靠全国各地的职业院校，并围绕职业院校所在地或临近地区的地方性非遗项目展开精准化与区域化教学，以最大限度地实现非遗项目与非遗生态空间的整体性保护与发展。为了推进职业教育与非遗的有效结合，教育部、文化部、国家民委联合发布了《关于推进职业院校民族文化传承与创新工作的意见》，明确了职业教育在非遗传承过程中的任务："推动职业教育人才培养与非物质文化遗产传承相结合"，"为非物质文化遗产的传承、创新、研究和管理提供有力的人才保障"①。目前，全国各地纷纷开展非遗职业教育，主要是因为非遗作为一种媒介，能够使非遗保护、学生教育、就业和经济产业发展等多方面内容实现良性互动，从而推动形式丰富的多元教育发展模式的形成。职业教育与实践型非遗人才培养在目标上有着紧密的关联性。职业教育的最终目的是使学生掌握一门技能并且能用所学技能服务社会。而非遗最重要的就是经过长期积累和反复练习而形成的技艺，这些技艺已经超越了物质层面，成为中华优秀传统文化的重要组成部分。然而，随着社会的快速发展，许多传统非遗技艺正面临着无法传承并逐渐走向消亡的困境。因此，实践型人才的培养应该成为职业教育的一个重要方向，旨在通过精准化与区域化教学，使学生能够深入了解和掌握地方性非遗项目的技艺，为非遗的传承与创新提供有力的人才保障。地方高职院校则应结合地方性非遗特色，主动承担起非遗传承与保护的责任，为非遗教育赋能②。

（二）凸显"非遗＋职业教育"的中国特色非遗传承方式

高等职业教育在非遗的传承与传播方面发挥了重要作用，充分展现了其特色院校属性。首先，非遗进入职业院校，以非遗工作室的形式为非遗教育提供了实践空间，非遗传承人可以在工作室中展示非遗技艺、讲授非遗知识，这符合职业院校注重职业技能培养的办学理念。其次，非遗作为新时代的特殊产物，拥有与其他专业领域融合发展的潜力，比如开发非遗创意产品和设计非遗创新衍生品，这些创新

① 晓聪：《教育部文化部国家民委关于推进职业院校民族文化传承与创新工作的意见》，《民族教育研究》2013年第5期。

② 余克泉：《地方高职院校保护传承非物质文化遗产的路径探析》，《美与时代（上）》2021年第9期。

性融合有助于提升非遗的内在生命力，并拓宽其发展路径。再次，职业院校中的新媒体、电子商务、知识产权保护和人力资源等相关专业可以为非遗职业教育提供支持，增强其续航能力。最后，各地区的非遗项目皆具有地域性特色，因此职业院校应关注地域性非遗品牌塑造，并结合地方性非遗特色培养专业人才，使非遗职业教育能够精准有效地对接地方产业发展。

随着国家对非遗发展的重视程度逐渐提升，全国各地都开始探索“非遗＋教育”模式，高等职业院校也积极邀请所在地的非遗传承人进入校园，为职业院校的学生授课。这种特色的非遗教育探索模式值得肯定，但非遗与高等职业教育的结合不能仅停留在几门课程上。如果非遗无法成为学生职业发展的重要方向，这种探索势必流于形式，违背非遗与职业教育融合发展并成为学生就业方向的初衷，无法实现系统性的传承与职业性的发展功能。在国家大力提倡职业教育改革的背景下，我们应努力构建非遗与职业教育融合发展的可实践人才培养模式与体系，制定完善与实际的非遗职业人才培养计划。如天津市某职业技术大学意识到非遗进入职业高校的趋势，正在积极筹建传承当地年画和泥塑等非遗的相关专业。尽管设立这样的非遗专业对振兴当地非遗项目有一定促进作用，但招收大学生成为该项目的传承人，三年的专业学习似乎并不能让他们熟练掌握相关技能，更不要说毕业后靠此技术谋生了。据了解，以上项目的存续状况不容乐观。近年来，年画的市场份额和销售额明显下降，这与现代生活对年画的需求量逐渐减少有很大关系。同样作为传统美术类非遗的泥塑，尽管在当地有一定号召力，但在全国范围内其品牌效应并不明显。而且目前市场趋于饱和，如何保证这些学成的大学生在毕业后能够获得稳定的工作也是非遗教育需要关注的重点问题。与此同时，传统的非遗传承人的生存空间遭到压缩，其传承生态也必然受到影响。

（三）强化非遗专业续航非遗传承的内发驱动力

目前非遗高等教育存在的问题主要有两方面。其一，非遗项目与学校开展的非遗教育、学生的现实生活以及学校的教育测评机制的关联性不强[①]。非遗高等教育在教育培养模式与课程结构上缺乏系统性，因此需要充分挖掘学生、教师、传承人的潜在兴趣与动力，积极探索跨界思维和多学科发展模式，结合地区非遗优势资源，提高高校师生在非遗教育过程中的协调性，打造跨主体间的非遗教育互动发展机制。其二，非遗保护主体之间的黏合度较低，应不断提升非遗保护主体之间的关

① 邵卉芳：《多维互动耦合：西藏非物质文化遗产学校教育传承》，《西藏民族大学学报（哲学社会科学版）》2021年第4期。

联性[①]。非遗高等教育应以实现非遗人才就业为目的,高等院校在传授知识与技能的同时,还需要关注社会与市场对非遗人才的需求,使高校人才培养与社会岗位需求妥善接轨。只有不断提升非遗人才的就业率,从源头解决从事非遗专业的相关人才的就业问题,才能确保非遗人才更好地服务非遗事业。实际上,国内多所高校在过去并未设置专门的非遗专业,而是以挂靠的形式将其纳入相关学院的相近专业中,这就造成毕业生的专业和实际所学存在差异。即便开设了专门的非遗专业,但由于未能从当地非遗发展和未来就业的实际出发灵活设置专业,学生仍可能面临"毕业即失业"的窘境。

非遗保护不只是对非遗项目和非遗传承人的保护,因为许多非遗项目都是依靠地方性的非遗生态资源开展的。如果这些项目脱离了孕育其生长的民间文化土壤,其外在表现力与内在生命力都会有所缺失。因此,非遗保护还应该深入非遗生存与发展的民间文化生态空间。非遗的整体性保护强调非遗与其赖以生存的民间文化生态空间之间的紧密关系,非遗事业的发展也需要得到地方民众的认可,脱离民间文化土壤的非遗在传承与发展过程中容易偏离保护方向。对此,地方高校应该深刻理解非遗与民间社区、民间文化之间的内在发展关系,并始终将活态性、整体性、系统性的保护原则应用于非遗保护实践中,促成民间文化生态空间与非遗保护的良性互动[②]。在设置非遗专业时,高校应充分了解民众的需求,了解非遗的民间属性,积极选择既有活态性又有发展前景的非遗项目。这既是对各类传承人负责,也是对以"人"为本的时代要求的呼应。

四、完善高校非学历教育赋能非遗教育的互动机制

高校作为非遗教育发展的优势文化空间,拥有丰富的可待利用与挖掘的资源,在人才培养、文化资源整合、学科发展建设、社会与市场就业拓展等诸多方面具有显著优势,高校的非遗教育也为非遗的传承与发展提供了源源不断的内生驱动力。实现高校非遗教育的可持续发展的关键在于构建全面立体的非遗教育路径与机制。为此,需要将非学历教育与学历教育相结合,共同完善非遗教育的动态发展路径与运行机制。《中国高校继续教育发展报告·2020》的数据显示:2019 年度,我国

① 邵卉芳:《多维互动耦合:西藏非物质文化遗产学校教育传承》,《西藏民族大学学报(哲学社会科学版)》2021 年第 4 期。

② 连会斌、徐潇涵:《职业教育助力非遗传承的角色定位与实践路径》,《南方职业教育学刊》2021 年第 5 期。

共有 1200 余所高校开展了非学历教育，培训项目超过 15 万个班次，培训总规模接近 4300 万人次，为建设学习型社会做出了积极贡献①。

非学历教育是继续教育的重要组成部分，高校开展非学历教育不仅可以应对社会快速发展过程中出现的人才紧缺问题，还能以更加灵活和紧密的方式将人才培养与市场需求相结合。这不仅有助于提升相关从业者的职业素养，拓宽其知识面，更是实现人才强国战略的一条特色发展路径②。高校开展非学历教育的必要性主要体现在以下三个方面。首先，高校开展非学历教育适应了市场发展的需求，是以市场为导向的必要发展方向。非学历教育能够在短时间内为从业者提供所需的职业发展技术和匹配岗位要求的新技能，从而满足市场的即时需求。其次，高校开展非学历教育是实现自身发展的必然要求。在新的时代背景下，高等院校不再局限于提供高等学历教育，继续教育等适应国家人才发展的多元化教育模式已经成为高校探索的新方向。完善高校的非学历教育，是实现高校多元教育发展的重要途径。最后，高校开展的非学历教育能够更好地完善人才培养体系。学历教育无法满足社会对人才发展的广泛需求，非学历教育可以解决社会人员因缺乏学历教育而面临的知识与技能短缺等相关问题，通过与学历教育的互补，可以更好地发挥非学历教育服务社会发展的功能与作用。

高校非遗的非学历教育是针对非遗传承人的教育，旨在提升他们在非遗理论、审美哲学等方面的素养。高校的非学历教育可以为非遗传承人搭建学习的平台，让他们能够进行更加深入的学习，弥补他们在理论方面的不足。同时，高校的非学历教育也不仅是对非遗传承人的培训，它还能促进高校教师与非遗专业学生系统了解非遗实践。首先，来自全国各地的非遗传承人可以通过高校的非学历教育平台相互交流，了解同行的发展状况及非遗项目在全国的整体情况。这有助于他们取长补短，提升自己的技艺水平。其次，高校教师可以利用这个平台对非遗传承人所掌握的某项非遗技艺展开深入调研。以往大学专业设置中会有外出实践考察的相关课程，现在高校教师可以充分利用传承人参加非学历教育这个契机，在学校里对传承人与非遗技艺开展翔实、深入的口述史访谈。这意味着非遗田野被搬进了高校课堂，更便于高校教师与学生开展非遗访谈与调研。最后，非遗传承人将成为高校中宝贵的学习资源，无论是实践型学生还是理论型学生，都可以从非遗传承人的课堂中收获更多关于非遗理论与非遗技艺的知识。通过与传承人的交流，学生

① 陈丽等:《中国高校继续教育发展报告·2020》，北京师范大学出版社，2021，第 5~17 页。

② 李丹:《我国高校非学历教育发展探究》，《产业与科技论坛》2021 年第 19 期。

们可以更好地了解非遗技艺的精髓和传承方式,为未来开展非遗保护和传承工作打下坚实的基础。

非遗教育作为新兴领域,在起步阶段难免会遇到各种挑战。目前,师资力量薄弱、教材质量良莠不齐、高等教育专业设置和现实需求脱节是非遗教育面临的主要问题。然而,这些问题都有望在未来的实践中得到修正和完善。非遗高等教育对于弥补非遗传承的不足必有助益,但同时也带来了非遗就业的新挑战;非学历教育为传承人提供了继续学习和深造的机会,保障了他们受教育的权利。总之,保护非遗不仅仅是保护技艺,更应该形成一套完整的“保护—传承—利用”体系。非遗只有实现了文化和经济价值,才能真正实现自身的活态传承与发展。而解决传承人队伍的培养和技艺的持续传递与发展问题,是确保非遗存续力的关键,非遗教育的发展将为中国非遗的保护与传承保驾护航,并形成具有中国特色的非遗发展路径。

编后记

田野调查记录所感所思，文字传承精神财富。《传承人口述史研究·非物质文化遗产前沿理论研究》收录了刘魁立、刘铁梁、邱春林、张春生、宋俊华、李治邦等学者在天津大学关于非物质文化遗产、村落保护、乡村振兴等方面的学术讲座。这本书重在论理。本书在天津大学非遗研培团队用心收集与整理的基础上，编撰形成了文章共15篇。这是一部展现学者们学术心路节点的书，是记忆，也是镜鉴；是立题，也是破题；是存史，也是展望。在这本书中有鞭辟入里的田野故事，有多元理论的非遗解析，有对非遗大政方针的剖析与解读，有对非遗前沿问题的思考与发现。可以说，这本书是学者们就近几年对于非遗的所思所得的倾囊相授，是一种提炼，也是一种升华。所以我们认为有必要记录与整理这些讲座，不仅出于文化自觉，更体现出我们对诸位学者学术观念的高度认同和敬意，也冀望书中的思想与观点能够被继承和发扬。

总的来说，它是对过去行走在田野的智慧的一种回溯，但绝不是结束，而是一个新的开始；为我们在田野中，为我们"眼光向下"的学问，为我们奔波于乡土大地指明了方向。我们希望，未来，当您在带有麦香的田野上温情地前行时，当您用脚步去丈量历史年轮下挥之不去的记忆，用眼睛去观察一张张可爱可亲的面庞，用心灵去触摸百年尘烟里难以磨灭的震撼故事时，会联想起《传承人口述史研究·非物质文化遗产前沿理论研究》中的某些只言片语，能与您当下的田野践行产生学理与实践的碰撞，产生朴实深刻的哲思，找到心灵的依归，发现可以行走的远方……

这本书即将付梓，我们要对本书收录了其演讲内容的老师们表示感谢，向天津大学出版社表示真挚的感谢，向整理演讲稿的天津大学研培团队表示感谢，向《民俗研究》《文化遗产》《云南师范大学学报》《民族艺术研究》《民间文化论坛》等刊物收录本书中的部分文章表示感谢，正是他们仍"在路上"的辛勤工作，才成就了我们丛书的"未来"。而读者的回应则是检验我们工作的唯一标准。我们只有脚踏实地地积累经验，让下一本书变得更好，让学术翱翔在更广阔的天空，将学问踩在每一片实实在在的田野上，将闪亮的思想不断传播出去，这永远是我们最想做的事。